向阳而生 ♥ 有爱而长

爱的联结

关怀教育体系建构的校本实践

魏惠萍 / 著

中国广播影视出版社

图书在版编目（CIP）数据

爱的联结：关怀教育体系建构的校本实践 / 魏惠萍著. —— 北京：中国广播影视出版社，2023.4
ISBN 978-7-5043-9001-1

Ⅰ.①爱… Ⅱ.①魏… Ⅲ.①小学–教学研究–文集 Ⅳ.①G622.0-53

中国国家版本馆CIP数据核字（2023）第050127号

爱的联结：关怀教育体系建构的校本实践
魏惠萍　著

责任编辑	杨　凡
封面设计	文人雅士
责任校对	龚　晨

出版发行	中国广播影视出版社
电　　话	010-86093580　010-86093583
社　　址	北京市西城区真武庙二条9号
邮　　编	100045
网　　址	www.crtp.com.cn
电子邮箱	crtp8@sina.com

经　　销	全国各地新华书店
印　　刷	廊坊市海涛印刷有限公司

开　　本	710毫米×1000毫米　1/16
字　　数	205（千）字
印　　张	13.5
版　　次	2023年4月第1版　2023年4月第1次印刷
书　　号	ISBN 978-7-5043-9001-1
定　　价	65.00元

（版权所有　翻印必究·印装有误　负责调换）

序 言

学会关怀,让爱联结

关怀是一切成功教育的基石,所有的孩子都需要一个好的学校环境,在学校中逐步学会关怀。正如诗人袁牧在《苔》这首诗中,用"白日不到处,青春恰自来。苔花如米小,也学牡丹开。"这样的诗句来比喻学校教师要平等关爱每一名学生的学生观。虽然学生们来自不同的家庭,老师面对一个个性格爱好、脾气秉性、兴趣特长、家庭情况、学习状况不一的学生,应该精心引导和培育,不能因为有的学生不讨自己喜欢、不对自己胃口就态度冷淡,加以排斥,更不能把学生分为三六九等。好老师一定要平等对待每一个学生,尊重学生的个性,理解学生的情感,包容学生的缺点和不足,善于发现每一个学生的长处和闪光点,让所有学生都成长为有用之材。

习近平总书记曾在与北京师范大学师生代表座谈时指出:"好老师一定要平等对待每一个学生,尊重学生的个性,理解学生的情感,包容学生的缺点和不足,善于发现每一个学生的长处和闪光点,让所有学生都成长为有用之才。"习近平总书记的这一要求,为学校构建和谐关爱的师生关系和学校文化提供了根本遵循。北京市燕山向阳小学提出"向阳而生 有爱而长"的办学理念,正体现了这种遵循。

西方学者从伦理学视角提出的关怀理论也体现了这种关爱学生的理论基础。美国教育家内尔·诺丁斯从关怀理论入手对道德教育进行了深入研究,主张在关怀视域下重新组织学校教育内容,逐渐形成了关于关怀教育理论。诺丁斯反对以学科为中心组织课程培养学术能力为指向的传统课程,强调教育的道德意义,主张教育应该培养有能力、关心人、爱人也值得别人爱的人。诺丁斯从1984年《关心:伦理和道德教育的女性视角》开始的系列研究成果中,探讨了关怀伦理的本质、关怀在教学中的运用以及关怀理论对社会政策的影响等问题。他在2002年的论著《培养有道德的人:以关心伦理替代人格教育》以及其他文章中,主张通过榜样、对话、实践和认可等方式来践行关怀教育理论下的道德教育模式。

关怀理论核心概念是"caring",即"关怀"或"关心"。关怀理论,认为关怀是一种关系行为,关怀的本质因素在于关怀方与被关怀方的关系,关怀方与被关怀方在关怀关系的建立和维持中都很重要;强调关怀者是否有能力建立关怀关系,强调对话是建立关系的基础;关怀关系以需要和反应为基础,反应是关怀的核心,也是关怀教育的核心;强调教育的连续性;强调情感的促进作用;认为教育目的是培养个体实现自身价值与对待生活的正确态度,培养有关怀能力、爱人也值得人爱的人。关怀教育理论主张的关怀主题包括:关心自我,关心身边的人,关心陌生者和远离自己的人,关心动物、植物和地球,关心人类创造的物质世界,关心知识。

北京市燕山向阳小学面对教育时弊,反观学校已有传统和经验,积极借鉴诺丁斯的"学会关心"教育理论,早在2007年就将"关怀教育"的理念付诸实践,成为"关怀教育"的特色学校。魏惠萍校长在老校长田玉贞的基础之上,进一步鲜明办学特色,擦亮关怀教育品牌,提出"向阳而生 有爱而长"的办学理念。学校将"向阳"与育人内涵链接,把时代要求与少年特点相结合,提出"阳光坚毅、志正修远"的校训,其核心价值观是"阳光培育真善美,坚毅担当向未来"。基于此,学校强调"温暖有度、公正有爱"的管理文化,"和煦乐学、求真善问"的课堂文化,进而培养"阳光有爱、担当坚毅"的新时代少年。魏校长在积淀中传承,在传承中创新,构建了新时代的关怀教育体系:基于关怀文化,让爱流淌;建章立制,规范管理;德育一体,关怀引领;课程教学，赋能增效；教师团队，激发内驱；合育"1+N"，以爱育爱。学校浸润在关怀与感恩的氛围中，从管理模式到教师队伍的塑造、从教学改革创新到学校的和谐发展，都获得了新的智慧和方法，取得了卓越的成果。向阳小学的教育实践证明，关怀教育是学校发展和学生成长的沃土。

诺丁斯提出的关怀教育理论是对西方理性主义教学传统的一种批判性思考，她提出教育的核心动力源于人面对他人时所产生的关心情意，这种关心情意，才是教育的真正基础。培养学生的关怀能力，是教育向社会负责的一项主要目标。当下我们要努力在教育中建立关怀型的师生关系，将教师由知识型转向关怀型，在师生之间形成一种流动的双边关系。另外，家长在关心的关系中也是不可或缺的角色。杜威在《学校与社会》中主张，最聪明的父母会力争给每个孩子不同的教育，以适应每一个孩子不同的需要、能力和兴趣。如何做一名学会关心的家长，同样是个值得思考的议题。在这些方面，向阳小学在魏校长的带领下，做了很好的探索实践，对其他学校发展具有很强的借鉴价值，能够真正有助于立德树人根本任务的实现。

诺丁斯认为，一个好的学校关于成功的定义应该是"人生的路有千万条，成功的人也有千万种，不是只有一种活法，才能使你赢得别人的尊重。无论现在和未来的你都会在社会上找到你的位置，那个位置等着你做出贡献。"莱布尼茨曾说，正如世界上没有两片相同的树叶，所以，我们要关心关爱每一名学生。这正是向阳小学对孩子的期待，让孩子"向阳而生 有爱而长"，让孩子"阳光有爱 担当坚毅"。这也应成为每一所小学的成功底色！

杨志成

2022年12月

前 言

创新关怀文化　办有温度的教育

燕山向阳小学建于20世纪70年代初，2011年9月迁入现址。学校占地面积14468.99平方米，建筑面积8451.51平方米，教职工79人，其中市级骨干教师3名，区级学科带头人及骨干教师8人，学校有28个教学班，1025名学生。

我校在关怀文化基础上，学习贯彻党的二十大报告中提出的"落实立德树人根本任务，培养德智体美劳全面发展的社会主义建设者和接班人"，不断创新关怀文化，突出"有温度"的关怀文化特色，彰显教育情怀，实现教育理想。

一、丰富内涵增"厚度"，实践文化管理

我校在实践中完善制度建设，突出文化管理，传承关怀文化，在传承中创新，在创新中发展。

（一）多维评价，修养制度文化

我校与赵晨光专家团队联手，借鉴工分制管理理念，全面梳理了各项管理制度、工作职责，编制完成了《向阳小学工分制管理手册》，进一步明确了每个人的工作岗位、工作职责、工作要求；并设计制作了区域责任卡、设备责任卡，做到了责任到人，提升了管理的精细程度。

我校改革了教师评价方式，如：在对教师进行考核评价时，一改统一标准为分类标准，依照《向阳小学行政干部考核评价表》《班主任量化考核表》《"我最喜爱的任课教师"考核评价表》《后勤人员考核细则》对行政干部、班主任、任课教师、后勤人员按照不同的标准进行评价；二改单一评价为多元评价，既有全体教师互评，又有科任老师对班主任老师的评价；既有学生对于"我喜欢的好老师"的评选，又有家长的打分评价；三将总结性评价与发展性评价相结合，在年度总结考核的基础上，通过自我反思、风采展示、多元激励等方式对教师进行发展性评价，增强了实效性，突出了合理性，体现了公平性。

（二）移步育人，渲染环境文化

我校继续秉承"移步育人"的理念，在原有浓郁的以关怀文化为主线的环境文化的基础上，增加了新的《中小学生日常行为规范》《中小学生守则》"社会主义核心价值观"等内容，有效利用了灯杆、台阶、墙面、草坪等空间，突出了环境文化的教育作用。

（三）以人为本，实现文化管理

我校以人为本，以人的价值实现为最终管理目的，通过管理主体与对象主体之间所形成的文化力的互动，实现文化管理。

我校在充分总结"十二五"期间发展成就的基础上，确定了"十三五"期间的发展目标、重点任务等，明确了学校发展的方向，起到了引领的作用；在此基础上，我校要求教师"不能只顾低头拉车，更要抬头看路"，指导教师完成了个人的"三年成长规划"的制定，让每位教师都有目标，有"奔头"。

我校重视"和谐"校园的打造，在和谐团队的建设与展示过程中，从新的角度诠释看"和谐"的内涵。在"和谐"校园的打造过程中，我校多次迎接上级领导检查、调研，承办大型活动。大家发挥各自优势，团结协作，圆满完成了各项任务。学校凝聚力容易日益增强，"全校一盘棋"得到充分体现。

二、明确责任强"信度",助力教师发展

一个学校的发展,凭借的是团队的力量。我校既注重打造名师,更着重打造"名师团队",引导大家用快乐心态对待工作和生活,在主动合作中实现新突破。

(一)打造奋发有为的干部团队

我校要求行政干部明确全心全意为师生家长服务的意识;做到思想上"合心",工作上"合力",行动上"合拍"。完善了《向阳小学行政干部考核评价表》,增加了《行政干部值班巡查表》,每天由值班的行政干部对早读、课间操、眼保健操、校园广播、课后班等情况进行全面督查;坚持每周的中心组学习,进一步强化了干部全心全意为师生家长服务的意识。

(二)打造敬业奉献的教师团队

我校开展了"践行社会主义核心价值观,争做人民满意教师"等师德教育活动,进一步明确了教师责任,也引领大家更加清楚地认识到:学校的事无小事,团队的荣誉是大事,集体的利益是要事,大事、小事和要事都是大家共同努力奉献的光荣事。

我校关注教师需求与发展,不断探索创新培训模式,促进教师的专业成长。对于青年教师,通过思想指导,专业分析,明确自身教学优势与不足,设计新颖独特的培训内容,制定近期可行的发展目标,激发青年教师比学赶超的竞争意识,形成了青年教师温故知新勤学苦练的量身定制型校本培训模式。我们成立了"青年联盟"团队,制定了"盟约",通过"青年汇"活动,大家互相听课,一起研讨,共同进步;对于发展中教师,通过心理疏导,案例分析,寻找其自身的薄弱环节,制定学习计划,激发其突破自我的创新意识,形成了推陈出新、跬步千里的厚积薄发型校本培训模式。对于成熟教师,通过团队协作,专家指引,引导成熟教师重新审视自己的发展规划,激发其示范引领的专

家意识，形成了成熟教师百尺竿头更进一步的合作共赢型校本培训模式。我校组建了"杨红军班主任工作室"，充分发挥其在班主任工作方面的示范作用，带动青年班主任不断成长。我校还对校级骨干教师、在岗的25年以上的班主任、校级骨干班主任每月发放津贴奖励。

三、注重实践保"热度"，促进学生成长

（一）在变革中夯实德育管理

我校建立了"校、处、班"三级管理体系，形成了班级团队层级制，即：高年级和低年级手拉手的"友谊班"，学生们互帮互助；以同年级为主的"同步班"，向着一致的目标努力；班主任与班主任手拉手的"师徒班"，寻求班级管理上的标准与成长。我校不断转变班主任培训形式，充分发挥骨干班主任引领示范作用，通过"紫禁杯"优秀班主任经验介绍，让大家对照方法"跟着做"；进行了"骨干班主任"评选，评出了五位校级骨干班主任，分布在低、中、高年级段，发挥她们的辐射作用，由她们"指导做"；"杨红军班主任工作室"，逐步形成了工作指导法，青年班主任在杨老师的指导下，先从"学着做"，再到"指导做"，力争实现"独立做"，以达到新任班主任，一个月见"模样"，一学期见成效，一学年出成果，从而全面提高班主任队伍的综合素质。

（二）在德育课程中促进学生发展

我校致力于办有温度的教育，着力构建"有温度"的"三育"德育课程体系，全面提升育人水平。

1. "润育"课程，实践全员德育理念

我校以学科教学为载体，充分挖掘学科教学德育元素，积极推进"润育"课程建设，践行全员德育的理念。

学科教师依据新课程的要求，紧密结合学生实际，深刻挖掘教材中的德育资源，通过精心设计教学过程、运用教学机制、教学策略，关注教学内容的选取、常态教学的实施、教学活动的开展、教育契机的生成、合作学习的成效，对学生加强社会主义核心价值观，以及良好习惯养成的教育和培养，达到"润物无声"的效果，促进德育教育目标的有效达成。如：通过《道德与法治》和《品生》《品社》学科的学习，在听故事、讲发现、谈体验中学礼仪、明事理、懂规矩；在语文课上，感受中华文字的优美、了解中华民族的悠久历史、灿烂文化，增强民族自豪感；在学科学习中，学会倾听与表达，学会自学与合作，学会交流与分享，养成良好的学习习惯。

2."沁育"课程，提高学生核心素养

我校根据学生的心理特征和身心发展规律，围绕不同的教育主题，推进"沁育"课程建设，全面提高学生核心素养。

（1）法制安全主题课程，让学生能独立会内省

我校积极与派出所、消防队、交通队、税务局、城管执法队沟通，充分利用房山区人民法院、燕山法院等教育资源，围绕"法制教育、自身安全、预防校园欺凌"等内容，开设了"交通安全知识进课堂""税务知识""乘坐电梯……"、参观法庭现场、参与未成年人案例新闻发布会、安全疏散演习等主题课程，让学生积极学习相关的法律知识，培养学生的独立人格，让学生学会保护自己，学会在反思中改变，能够心态平和地接受一切改变，增强主动适应、超越自我、勇于创新的能力。

（2）文明素养主题课程，让学生能友善会感恩

我校以"社会主义核心价值观"为引领，以培养学生良好行为习惯为重心，依据《小学生守则》、新的《中小学生日常行为规范》的要求，积极构建文明素养主题课程，本着"年度有主线，月月有主题，天天是活动，处处受教育"的原则，有计划、有阶段、有层次、有重点、有评价地以推进新规范的落实。通过"今天我当家"责任岗、制作手抄报、连环画,"我身边的文明"故事交流会、"学规范衍生作品展"、成立"我是责任者"小小宣讲团、评选"美德少年"等活动,引领学生学会对父母友善、对朋友友善、对动物友善、对社会友善、对自然友善,形成会感恩的健康的心态和做人境界。

(3) 传统文化主题课程,让学生能共处会审美

我校根据学生特点,积极推进传统文化主题课程建设。我们结合"母亲节""重阳节"等节日,介绍节日的来历、节日的传统意义、开展"芬芳鲜花,感恩母亲""九九重阳日,秋高敬老节"主题活动,引导学生尊老敬老;我校积极与关工委携手,邀请知心姐姐朱虹老师来校。进行了"传家风树校风,做美德少年"主题课程系列教育活动,引领学生在写一写内心的感悟,画一画身边的榜样,动手做一做衍生品的过程中,学会建立良好人际关系与合作关系,能与他人为实现共同目标与计划而团结合作。

3. "沐育"课程,助力学生快乐成长

我校积极从多维度推进"沐育"课程,即德育活动课程建设,让学生"沐育"在活动中参与体验,在体验中感悟,在感悟中成长。

(1) 实践活动课程拓宽视野

我校充分利用社会教育资源,依托社会实践教育基地,积极推进实践活动课程建设。每一次的燕山石化教育基地参观学习、每一次的牛口峪污水厂远足、每一次的图书馆阅读交流、每一次的科技馆学习体验、每一次的养老院慰问演出、每一次的社区志愿服务……都给学生们留下了深刻印象,拓宽了学生的视野,也成为学生们走上社会、了解社会的渠道。

(2) 主题"节日"课程提高素养

我校每年举办一次校内体育节(4月底)、科技节(11月)、艺术节(3月),带动学生们积极参与到活动中。各"节"活动的开展中,学生们矫健的身姿、奔跑的速度、跳动的身影、动人的演唱、优美的舞姿、饱含激情的表

演、动漫作品的展示、金点子的征集、科普游记、摄影作品的展览，都成为学生美好的记忆。学生们在全员参与、全程参与、全方位参与的过程中，提升气质，不断成长。

（3）社团活动课程发展特长

我校注重学生社团的建设，先后组建了"红领巾广播站""小小电视台""校园小记者""校园戏剧社""少年军校训练营"等多个德育活动社团，引领学生在社团活动中关心社会、关注学校发展，展示个性，锻炼能力。我校的校园小记者能够用流利的英语对外国友人进行采访，还曾参与了"两会"的采访与报道；我校的少年军校训练营每次都进行为期一周的训练，培养了学生的国防意识，激发了学生爱国主义情感，增强社会责任感和集体主义的思想意识。其中，通过选拔而组成的国旗班更是多次承担区内大型活动的任务，得到了大家的一致好评，国旗班成为我校的一张名片。

（三）在合作中赢得家长支持

我校注重"开放办学"的理念，通过多种形式，谋求与家长之间的合作。学校微信公众号、宣传橱窗、网站上学生活动及作品展示、校报的编印都成为家长了解学校的渠道；而家长开放日、家长访谈、家教委员会例会等则成为家长为学校发展、学生成长出谋划策以及对学校工作进行监督评价的平台。在此基础上，我校成立了家长学校，制定了家长学校章程，积极推进家长成长课程建设，通过《给孩子五个最好习惯》等家长教育主题课程，指导家长走出家庭教育误区；我校还充分发挥家校委员会的作用，一是利用家长资源，丰富课外活动课程内容；二是让家长参与学校监督与评价，为学校发展提出建议；三是让家长参与学校管理与活动，成立了"家长志愿者服务队"，每天清晨上学时多名家长志愿者出现在校园门口，接护学生快速上下车，确保学生安全。目前，这支服务队已有150余位家长参与其中，他们用实际行动赢得家长和孩子的信任与尊敬。

四、树立品牌显"光度",提升教学质量

我校不断拓宽关怀教育内涵,开创关怀教育课程,有效地把关怀教育理论与课程结合,让理念落地,进而依托"关怀教育"特色,立足于办有温度的教育,提升教学质量,促进学生成才。

(一)加强课程建设,构建关怀教育课程体系

我校尝试打破原有分科课程间的壁垒,开发实现个性发展的特色化课程的总体目标。目前已形成关怀文学、关怀思维、关怀体能、关怀艺术、关怀科学五大课程体系,对应形成了"明德、启智、健体、修身、创新"五个维度的课程体系,有效落实国家课程、地方课程,并形成了自己的校本课程。形成了低年级普及与提高相结合,发展学生特长;中高年级传统与特色相结合,发展学校品牌特色;部分课程实现了学生在自愿报名和学校统筹安排的基础上,重点把传统文化与特色课程相结合,逐渐把课程建设发展成学校的品牌项目。

(二)强化内部管理,提高教学工作实效

我校努力实践"以文化管理为基础,以制度管理促规范,以目标管理为导向,以过程管理为抓手"的思路,坚持以教学为中心,健全和完善了教学工作的各项管理制度,实现规范管理,让教师教有所依,做事有法。

1. 领导干部负责制

学校提出行政干部做事要"四有":教育要有新理念,管理要有新思路,工作要有新举措,教研要有新方法。每两位教学干部对接一个年级,每位教学干部对接一个教研组,实行层级负责,深入教学一线,做到了每名教学干部每学期听课不少于40节,参加教研组活动不少于2次。

2. 教研组长责任制

我校从教研组建设找突破,提出把每一位教研组长培养成中层教学干部

的目标，让每一个教研组成为一支高素质教学团队。指导教研组长制定好本组的培养计划、组内的推优计划，让教研计划不成摆设；学期中对教研组计划落实进行督查，为教研组各种形式教研活动提供支持和指导，让教研活动不走过场；学年末组织教研组开展成果汇报，评选优秀教研组，进行表彰和奖励，对好的教研做法进行宣传，让各教研组能够互相借鉴发展，让教研效果不泯然于众。

3. 骨干教师导师制

我校实行了骨干教师导师制，制定了骨干教师带徒弟制度，明确骨干教师和青年教师职责。一是制定规划，做到导师认真了解、分析徒弟的教学现状，掌握其强势与弱项，确定带徒的远期规划和近期目标，制定好带徒工作计划，并做好指导工作记录；二是教学相长，做到师傅平均每周听徒弟课1节以上，课后有评价、有反馈，并及时加以指导。要求徒弟虚心向师傅学习，每周听师傅课1节以上，每次听课必须做好详细记录。每两周上一节汇报课，请师傅指点和评价；三是反思改进，学期结束，师傅要写好带徒工作小结，徒弟要勤奋实践，认真做好教学心得或反思的记录，每学期撰写一篇能代表自己水平的教学论文。

（三）夯实校本研修，打造名师团队

1. 科研团队重根本

我校开展了务实有效的科研工作。"十二五"期间，我校承担了3项市级课题，7项区级课题，现均已顺利结题，获得市级课题成果二等奖一项，区级科研成果一等奖两项，二等奖一项，三等奖两项。《运用"支架式"教学模式提高小学数学时效的研究》《关怀教育文化促进学校发展的实践研究》等课题，彰显了科研工作推动学校办学思想的实践作用。目前，"十三五"课题已立项的市级课题5项，区级课题6项，形成了人人参与课题研究的氛围，促进学校的可持续发展。

2. 教研团队重提升

我校建立了以分管副校长为组长、科研室、教导处、教研组长组成的"校本教研指导小组",明确了指导小组的主要职责是制定切实可行的校本研修方案和计划;下组指导各教研组、年级组、学科教师开展校本教研工作,并收集和整理各种资料,及时总结学校校本教研的经验和存在的问题;定期完成对教研组、年级组、课题组、教师个人的教研计划、研修内容、工作总结等材料的检查和评价。我校科学设置教研组、备课组,任命组织管理能力强、有一定研究能力、能团结同志的骨干教师担任教研组长和备课组长,明确了教研组长、备课组长的职责和工作要求。

3. 骨干团队重传承

我校不但注重培养名师,更注重打造名师团队。对骨干及教学能力突出的教师实施名师成长工程,有计划送出去学习培训,开阔视野,并延展这些校内名师的辐射作用,通过示范展示、师徒结对、主持教研、经验交流等方式,带动青年教师的成长。我们在全校提出,"反思"要做到"五反一记录","听评课"要做到"五看一交流",让教师反思有途径、展示有平台、交流有方法、过程有提高,促进教师团队水平的整体提高。

五、扩充外延展"宽度",创造健康家园

我校在"办有温度的教育"理念指导下,积极创建并成为北京市健康促进学校、北京市健康生活方式示范校,关怀师生身心健康,注重养成健康生活方式。"做最好的自己""教师心理压力与解压策略"等心理培训活动,引导教师接纳自己,缓解身心压力;开设了健康教育课和心理健康课,向学生传授健康知识;聘请知心姐姐朱虹来校,对学生进行心理辅导,解决学生的心理困惑。健康的生活观在师生中扎根,师生在享受健康的同时不断完善自我。

我校健全了安全管理制度,完善了安全工作档案,对安防设施进行了全面

检查并及时进行了维护升级。在保障学生上下学的安全方面，采用2+4+6安防措施，即：每天2名保安，4位老师、6名家长志愿者共同协防，保障了学生的安全，又缓解了校门口的拥堵情况。安全教育更是常抓不懈。"防灾减灾"安全教育及疏散演习、"交通安全进校园　和谐平安伴我行""游乐设施和电梯安全知识进校园""法律护航　助力成长"法庭开放日、排演法治教育情景剧等活动，让学生们在参与中增强了安全意识，学会保护自己。

学校为学生的成长提供了良好的氛围，随班就读学生得到了个性指导；外省市借读学生享受到了平等的教育；灵活多样的教学与作业设计，减轻了学生课业负担；多彩的社团活动，开阔了学生视野。学生们沐浴在这样的环境中得以健康、快乐地成长。

创新关怀文化，办有温度的教育，引领着学校不断发展。几年来，学校先后获得北京市科研先进单位、首都文明单位、北京市三八红旗单位、北京市文明礼仪示范学校、北京市基础教育课程教材改革实验先进单位、北京市全面健康生活方式行动示范单位、北京市"节约型示范学校"、北京市普法先进集体等诸多荣誉，赢得了师生、家长、社会的认可。

在今后的工作中，我们将继续办有温度的教育，以学习为动力、以变化为起点、以创新为灵魂，用勤劳的汗水铸就新的辉煌，用不竭的智慧开创新的未来，把学校办成让学生成材、让家长放心、让社会满意的学校，为实现学校的继续发展做出贡献。

目 录

第一章　关怀文化：爱的流淌 ……001
一、创关怀教育模式，学会关怀 ……001
二、传承关怀文化，实践中发展 ……002
三、践行五项关怀，引领学生全面发展 ……015
四、发挥关怀文化作用，持续创新发展 ……023

第二章　建章立制：规范管理 ……026
一、完善章程建设，强化依法治校 ……026
二、践行管理标准，从学校内涵发展 ……034
三、打造多元格局，建设研究型学校 ……046
四、加强规划引领，形成愿景共识 ……051

第三章　德育一体：关怀引领 ……075
一、以全员育德为宗旨，推动德育工作全面开展 ……075
二、以育德活动为抓手，激发德育工作创新发展 ……079
三、以落实规范为契机，促进德育工作深化前行 ……087
四、以课程开发为基石，引领德育工作多元发展 ……089

第四章　课程教学：赋能增效 ……………………………… 103
一、重构"向阳·生长"课程体系，促进课程育人 ………… 103
二、加强教学团队建设，推进教学课程改革 ……………… 107
三、完善学科教研组，提高课堂教学质量 ………………… 112
四、设计"主题式"课程，引领线上学习探索 …………… 115
五、统筹聚力施策，推动"双减"有效落地 ……………… 122

第五章　教师团队：激发内驱 ……………………………… 140
一、强基固本抓教风，多元赋能提质量 …………………… 140
二、遵循教师成长规律，分层培养整体推进 ……………… 149
三、精准定"位"，激发教师专业发展活力 ……………… 155
四、加强班主任队伍建设，提升班级管理能力 …………… 158

第六章　合育"1＋N"：以爱育爱 ………………………… 163
一、成立合育中心，构建合育工作机制 …………………… 163
二、家校协同，创新合育模式 ……………………………… 165
三、建设劳动教育体系，提升劳动素养 …………………… 181
四、加强心理健康教育，塑造阳光心态 …………………… 190

后　记 ……………………………………………………………… 194

第一章　关怀文化：爱的流淌

北京市燕山向阳小学坐落在北京市西南郊美丽的燕山石化城中，创建于1972年2月。建校40余年来，伴随着改革开放的步伐，学校从厂区迁入生活区，从厂办校转制为公办校。如今是北京市办学条件达标学校，"关怀教育"特色学校。向阳小学的教育实践证明，关怀文化是学校发展和学生成长的沃土。

一、创关怀教育模式，学会关怀

"没有爱就没有教育。"爱是教育环境中核心的元素，教育的真谛就是爱，这是全世界的共识。然而，随着教育市场化的泛滥，在应试思想及其运作模式下，出现了忽视学生的情感、品质，单纯追求考试分数的问题。学生逐步成为被动接受教师专业化操作的对象。尤其是独生子女教育以及农民工子女、残疾儿童、单亲家庭儿童教育存在诸多问题，表现在学生课业负担重、缺少和伙伴交流、玩耍的时间；物质生活相对丰富，情感和精神生活缺乏关照，主体性和孩子的天性逐步丧失；他们生活上强烈依赖他人关照，却不懂感恩，变得不会负责、不懂负责，正日益成为令人担忧的一代。

面对教育时弊，反观学校已有传统和经验，借鉴美国教育哲学家内尔·诺丁斯的"学会关心"教育理论，向阳小学田玉贞校长于2007年总结并提炼提出了"关怀教育"理念并积极付诸实践，取得了可喜成果。

关怀教育是一种新的教育模式，以"关怀"与"感恩"为重要的情感特征，以"学会关怀，学会感恩"为核心价值观。它包括相互关联的两个方面内容：学会关怀和学会感恩，是以学习关怀与感恩为出发点而整合的学校教育，着力领导与教师、教师与学生、学校与社会、学校与家庭在交互中建立关怀关系，体现在教育教学活动中，体现在学校工作的方方面面，它是对一般意义上关怀的延伸拓展。关怀教育体系为："关怀自我，学会自立；关怀他人，学会体贴；关怀知识，学会学习；关怀自然，学会和谐；关怀社会，学会负责"，旨在为学生将来所从事的职业、家庭生活以及有能力尽一个公民应尽的义务奠定坚实的基础，培养学生健康人格，促进学生的终身学习与全面发展。

向阳小学开展关怀教育的基本思路是，以"创办全国关怀教育特色学校"为共同愿景，以提升师生的关怀与感恩意识、能力为突破口，以关怀文化课题研究为抓手，践行关怀与感恩思想，唤醒教育的良知，抵制功利主义思想对学生发展的干扰，构建有利于学生全面发展的体制机制，通过持续营造"和谐的精神家园""主动发展的文化学园""身心健康的成长乐园"，不断强化核心价值观的引导、心智模式的改善、努力拓宽师生发展空间，促进学生全面发展。

二、传承关怀文化，实践中发展

"关怀文化"不是拿来主义的产物，更不是心血来潮的标签。它是基于学校发展和学生成长，适应时代发展的产物，是学校传统文化的历史继承与创新发展。2007年田玉贞校长总结、提出并践行了关怀文化。2012年老校长退休后，魏惠萍校长继续秉承"学会关怀、学会感恩"关怀教育理念，引领学校发展。几年来，历任校长带领全校教职工从五个层面深入开展关怀文化建设：包括核心教育理念层、制度建设层、课程建设层、行为建设层、物质环境建设层，关怀文化的积淀不断丰厚起来。

《关怀教育研究的"一、二、三、四、五"》：[①]

[①] 田玉贞编著：《让爱传承》，中国轻工业出版社，2007年版，第18页。

围绕明确一个目标——培养有能力、关心他人、懂得爱人也值得人爱的健康、智慧的学生；

实现两个突破——以关怀为价值引领的学生社团组织建设有突破；以关怀为价值引领的学校教师例会制度建设有突破；

做到三方联手——学生、教师、家长（社区）在关怀文化指导下，形成合作团队，开发兴趣小组、校本课程；

力争四个加强——加强关怀主导下的课程整合与实践，加强关怀主导下学生社团管理，加强校园物质环境建设，支持校本课程与兴趣小组活动，加强教师队伍的学习与反思；

落实五项关怀——关怀自我、关怀他人、关怀自然及物质世界、关怀知识、关怀社会。

总之，创设温馨安全的情感环境，实现学校管理关怀化；搭设丰富多样的进步阶梯，引导师生学习积累个性化；提供贴近需求的物质空间，促进师生身心发展健康化，持续提高师生学习和生活质量，不断彰显关怀教育文化的学校特色。

（一）抵制"三分"干扰，营造和谐精神家园

在社会转型期，市场经济大潮冲击着人们的精神家园，学校不再是一片净土。"金钱至上""声誉第一""分数挂帅"的思想也影响着干部教师、家长和广大中小学生。追求金钱之"分"考核之"分"、考试之"分"的功利主义思想侵入到学校。部分教师开始自然地把自己归入挣钱者这一角色当中，把相当的精力放在了计较金钱、"捞点外快"上；针对学校的各种检查越来越多，评价表上量化数据多、约束指标高，检查方"急功"，迎检方"近利"，为取得好名次与高分数，应付造假现象时有发生，却冠以为了集体的名义；在择校压力下，学生负担越来越重，睡眠越来越少，补课越来越多，日益成为分数的奴隶。学生的考试分数上去了，教师的考核分数上去了，但学生主动精神、诚信、健康等综合素质下降了。教育工作越来越趋于表面化，管理者和被管理者

之间的关系越来越冷漠，教育效率越来越低。情感的管理被排斥，个性化要求遭到漠视，师生的精神家园出现了太多的不和谐音符。

关怀文化始终关照教育回归本源，呼唤教育的良知，抵制"三分"干扰，引导师生从追求享受物质生活向追求高品位的精神生活转变。学校树立了一批师德榜样，大力倡导"捧着一颗心来，不带半根草去"的"行知"精神、实事求是的诚信品行，推行岗位聘任制和绩效工资制，指导教师规划职业生涯。学校把培训作为教师最大的福利，根据个人的发展优势，用发展的眼光、有效的途径为每个人搭桥、助力。学校注重对教师进行发展性评价，通过多元展示教师的经验和成果，建立教师自我发现、自我调控、自我发展、自我完善的成长机制，形成主动发展的内驱力。如，科研成果论证与鉴定会、个人发展规划制定展示会、成长档案展示互评、"俏夕阳"老教师教学研讨等，特别是欢送退休老教师的"教书·人生"经验交流会，充分肯定老教师价值，让老教师有归属感和自豪感，激发中青年教师的使命感和责任感，引导教师全面提升专业素养，过上充实、现代、文明、健康的校园生活。

教师"2433＋N"多维立体培训体系

2——采用关注需求分层培训、寻求共性分级培训两大培训策略；

4——搭建了教师自主学习平台、小团队学习平台、创新的组织学习平台、网络学习平台"四级学习平台"；

3—3——围绕职业道德、专业知识与技能、心智模式三个层面，通过对青年教师任务驱动、对中年教师特色带动、对老年教师展示"传"动三条途径；

"N"——在关怀文化的氛围中开展了深度会谈、交流研讨、团队展示、拓展活动、心里调适等N个富有特色和实效的活动，引领教师用快乐的心态对待工作和生活，在主动与合作中实现新突破，努力追求教师工作的职业幸福。

表1-1 向阳小学教师发展性评价多元激励奖申报表

姓名		参加工作时间		
学科		担任职务		
	奖 项	说 明		自 评
申请奖项	教学质量优胜奖	语数英学科教学质量优异，学科期末考试平均分居年级第一，任教两个以上班级的，综合平均分超年级平均分，其中一班为年级第一		
	教学质量团体奖	语数英学科教学质量整个年级优异，在区抽测中成绩为前第三名		
	教科研标兵奖	教科研工作出色，课题立项，在科研成果和论文评比中成绩显著		
	成功班主任奖	班主任工作扎实、有效，班级管理无严重安全事故，经常在学校的评比中获得奖项		
	课堂教学风采奖	在区级以上课堂教学竞赛或展示中成绩显著		
	精诚协作奖	主动、乐意承担并出色完成学校临时性工作，善于与领导、同事沟通合作，关系融洽		
	好师傅奖	师傅有计划地对徒弟进行辅导，相互听课，徒弟在教育教学中成绩显著		
	本职工作出色奖	勤勤恳恳做好本职工作，在学校各项工作中检查中表现突出		
	爱生模范奖	工作受到学生及家长欢迎，爱学生，给学生学习上、生活上的无私帮助，事迹典型效果显著		
	优质管理奖	管理上大胆改革，锐意进取，分管的工作取得较好的成绩和效益。全心全意为教师服务，深得教师认可		
	成功辅导奖	辅导学生参加区级以上各种竞赛和活动取得优秀成绩		
	教坛新人奖	教龄在3年以下，但能很快胜任本职工作，在教学上或班主任管理中表现优秀		
	自主申报奖			
申报理由		第一选项	第二选项	
评审审核意见				

学校倡导管理者和被管理者之间、师生、家校等方面是基于关怀和感恩的关怀关系。因此，形成了"行政领导与年级组一对一、一对二"的管理制度，行政领导每人重点负责一个年级，每人重点负责两个班级，深入年级组、班级，了解师生的成长情况，力争把关怀文化融入教师的心中，融入学生的生活中，融入各门学科的教育中；做到了领导干部"三走进（近）"，即走进教研组，走进课堂，走近教师，了解教师需求，关注教师发展；提出了"三把三归还"，即把发言的主动权归还给教师，让他们有意见可以表达；把做决定的选择权归还给教师，让他们积极参与学校事务；把解决问题的钥匙归还给教师，让他们的合理化建议得到重视与采纳。实事求是做事，不急功、不冒进、不做假。关注被管理者的细微需要，尊重独特个性，增加管理温情，调动被管理者的工作积极性，建立起促进自主发展的关怀关系。

教师做到了关注学生的道德情感，引导学生从他律走向自律，培养学生健全人格，努力实现了三个转变：

由居高临下向平等交流转变——积极创造师生间平等对话与交流的教育情境：一方面，教师敢于承认自己在某些方面不如学生，主动与学生交流，虚心接受学生意见，与学生平等沟通。另一方面，鼓励学生消除对教师、家长的依赖思想，真正认识到自己是道德生活的主体，主动进行各项活动，自觉磨炼道德意志，积极投身道德实践。

由课堂传授为主向课内外结合体验生成转变——学校把关心作为一条线索，让学生走出校园，走向社会，体验复杂多变的社会道德情境，尝试进行道德抉择。学生在与人交往中体验情感，在克服困难中磨炼意志，在解决具体问题时履行道德行为。

由传递知识向塑造人格转变——学校努力走出单纯传递知识的误区，以塑造健全人格为目标，促进自我管理与自我教育相统一。

如今的向阳小学，既是一个和谐的大家园，也是一个充盈着诗意和梦想的学园。每逢新年、三八节、感恩节，师生之间都会互致感恩祝福，一句句温暖的话语、一张张祝福的贺卡让人倍感温馨；学校领导也会在每位老师生日时，送上一个蛋糕，表达一份关怀与祝福；无论哪位教师遇到难题，校领导都会在第一时间来到他的身边；年级组内有任务，大家都群策群力，破解难题；当学校承接紧急任务时，总有教师忙前忙后的身影……在向阳小学，善于关怀、及时感恩已经成为一种习惯。

（二）创新三评（平）机制，打造主动发展学园

打造学生主动全面发展的学园，必须破除应试教育的三个机制。即以教师为中心的学生评价，以考试分数为唯一依据评优评先的方式，以展示应试能力为单一平台的狭隘做法。向阳小学创新"三评"（平），打造了促进学生主动发展的学园。

1. 评价从关注教师标准走向关注学生需求

无论评价者是教师还是学生，评价一定是为了学生。关怀教育评价强调的是平等的师生交往关系。评价者要感受对方的需要，依据对方的回应去进行评价。

（1）变"你们"为"咱们"

学校要求教师主动换位思考，把自己摆进去，评价学生的时候，成功和失败教师都有一份责任。如：学生作业没交齐，老师这样说："咱们班作业准确率提高了，如果全班都能按时完成作业就更好了，谁作业有困难老师可以帮助你。"这样，老师站在学生的立场上，评价学生的作业，成了关怀学生的人，而不是敌对的法官和审判长。

（2）变"他"为"你"

在学生之间开展评价时，提倡用"你"而不用"他"，摒弃依仗老师之嫌，讲究学生间友善对话，平等交流。例如：课堂上学生对读课文的同学这样评价："某某同学，你读书读得太快了，语速慢下来会好一些，你试试！"称谓的变化，实现了角色的调整。

2. 评优从关注知识走向关注学生全面发展

内尔·诺丁斯的关怀教育理论指出："我们在课程和教学两方面都需要一

个根本性的改革,以便使教育真正面向全体学生。学校必须注重学生的全面发展,而不仅仅是着眼于少数学生的学术进步。"[①]向阳小学从这一指导思想出发,引导评优从关注知识走向关注学生全面发展。

(1) 变评"问题处"为评"成长点"

学校提出了"让不同的学生把不同的才能带进同一间教室",改变围绕"问题"进行挑错的评价,让评价评出学生特点、学生的优势和方向,评价成为唤醒、激励和鼓舞学生成长的法宝,教师用一把伸缩尺,使不同层次的学生都得到心理上的满足,都找到自己的立足点、生长点。如:小干部评选变教师"相马"为学生"赛马",学生述职演说,展示才艺,同学们投票选举,优者胜出,让学生相信在集体中我也许不是全优,但是总有优势可以为大家服务。

(2) 变评选"三好"为彰显"优势"

传统的"三好生"评选,考试成绩几乎是唯一指标,一些有特长、有个性的学生就与"三好生"无缘,致使"三好"只是几个学生的代名词。为了避免这一弊端,学校给老师三项权利,一是可以利用学生的空间展示学生的成果,学校给予物质保障;二是班主任在争得学生同意的前提下,有权向学校提交特别值得表扬的学生名单,由校长在结业式的讲话中提出特别的表扬;三是老师可以自制孩子们喜欢的小奖状,让每一个孩子都有获奖的体验。这样变"一把尺子"为"多把尺子",评优的内容和目标更适合学生的发展需求,不仅评出了让学生心服口服的"三好生",而且调动了全体学生的积极性,帮助学生拥有了自信。

(3) 变"一面镜子"为"多面镜子"

认识自我,才能更好地发展自我。如果只靠教师在校对学生进行评价往往是片面的。为此,学校尝试从教师一面镜子照学生,到学生自我评价、生生

---

① 内尔·诺丁斯:《学会关心——教育的另一种模式》,于天龙译,教育科学出版社2003年版,第213页。

互相评价、小组评价和家长评价、社区评价等多面镜子照学生，评价主体多元化，从单项转为多项，增强了评价主体间的互动，通过多渠道的反馈信息帮助学生认识自我，超越自我。

表1-2　语小组活动评价表

	评价项目	学生自评	组长评价
学生参与活动情况	能够只用英文表达	☆☆☆	☆☆☆
	观察图片与同学交流	☆☆☆	☆☆☆
	认真倾听他人发言	☆☆☆	☆☆☆
	积极思考举手发言	☆☆☆	☆☆☆
	小组活动参与程度	☆☆☆	☆☆☆

3. 从搭设应试平台到释放多维成长空间转变

关怀文化倡导以学生发展为本的教育。评价与评优不再仅仅是甄别和选拔学生，学生在学校里展示的绝不是应试能力一项本领，而是着力开放各种教育资源，为学生搭设多元展示平台，让他们释放潜能、个性和创造性，使每一个学生具有自信心和持续发展的能力。

（1）学生与关怀教育"博物馆"时时互动

走进向阳小学校园宛若走进关怀教育"博物馆"。这里精心布置着多年来师生践行五项关怀的成果，记录着师生的骄傲与自豪，也传递着关怀教育的信息。在这里学生不仅是义务的讲解员，还是博物馆的建设者和参观学习的受益者。

学校建筑主色调是学生们投票选中的红、绿、黄，象征师生每天沐浴在阳光、健康、希望的氛围中。学校遵循"移步育人"的理念，在厅、廊、台阶、运动场等周边墙面、地表，以学生喜爱的方式，彰显关怀文化的内涵和成果。

走入教学楼一层大厅，有象征金色关怀文化之光照耀下健康成长的少年身影，有诠释五项关怀内涵的师生写真照片。站在门厅向外一看，映入眼帘的是平坦整洁的千余平方米的小型轮滑场，在西墙墙面上有一组长城、鸟巢和天安门的浮雕，正中镶嵌着学校轮滑队员表演的巨幅精彩照片，记录着队员们参加奥运会、残奥会表演、国庆六十周年群众游行的风采；走下台阶，小剧场外墙上是镌刻着"学会关怀、学会感恩"大字的五项关怀浮雕墙；来到宽阔的运动场，绿色草坪，飘扬的五星红旗，160多平方米的国旗主题教育墙，震撼人心。端庄的国旗、国徽与国旗班同学风采展示融为一体，与不远处的国旗教育展览室成为校园爱国主义教育基地。

环顾校园，一枚枚硕大的大理石象棋子，似凳、似桩摆在轮滑场边缘，学生们或在上嬉戏，或在上休息；松树下，几张休闲桌，几排休闲椅，有剪纸般镂空的十二生肖的银色围挡，既保证了学生们在休闲区活动时的安全，又增添了文化的气息；木制栅栏式围墙书写着"弟子规""三字经"学生们可以随时读一读、背一背，捧一本书在手，在悠闲中静读，享受知识，享受童年。

二楼和三楼的大厅分别开辟为学生活动空间，学生们可以在这里适时发布"神九飞天"等大家关注的事件，也可以随手取下感兴趣的书来翻阅，还可以在玩耍中学习安全常识以及应急技能。

在办公区、教学区悬挂着师生的教育教学成果照片和作品，专业教室区长长的走廊里，有学科前沿知识介绍，不同楼层、不同年级"知识窗"里的新知引人入胜，"智慧树"上的儿歌朗朗上口，"心语墙"上家长、老师的话语亲切温暖。

图书馆、运动馆、小餐厅，甚至楼前树下闲置的土地都成为学生践行五项关怀的天地。

（2）学生自主选择，在关怀教育时空中行走

在"学会关怀，学会感恩"的办学思想指导下，学校从学生需求出发，构建关怀教育时空，纵向为时间轴，横向为空间活动轴。为此，学校与多家社会资源单位合作，设立了环保、消防、爱心等10多个校内外教育实践基地。同时，贯穿全年开展纪念日主题活动。如，11月感恩节期间，以"心存感恩，从一件小事做起"为主题开展了"六个一"活动，即：讲一个感恩故事；道一声"感谢"；学唱一首感恩的歌曲；撰写一句（段）感恩箴言，为感谢的人系上黄丝带；制作一张感恩祝福卡；一个感恩瞬间，为帮助过自己的人做一件感恩的事。让学生在实践中学会了感恩他人、感恩自然、感恩社会。学校完善校本课程体系，成立了多个学生社团，为学生全面发展提供智力支持和物质保障。

表1-3 向阳小学学生社团活动安排一览表

年级	班级	具体安排						活动时间
		周二		周三		周五		
		课程	地点	课程	地点	课程	地点	
一年级	101	集体舞	操场	跳绳	浮雕下	素质训练	操场	4:00—5:00
	102			自定	自定	跳绳	浮雕下	4:20—5:00
	103					素质训练	操场	
	104	跳绳	浮雕下					4:00—5:00
	105	足球	操场					
	106	集体舞	操场			足球	操场	4:20—5:00
二年级	201	集体舞	操场	跆拳道	操场	素质训练	操场	4:00—5:00
	202			跆拳道				
	203			跆拳道				
	204			跆拳道				
	205			跆拳道				
	206			跆拳道				
三年级	301	篮球	篮球场	自定	自定	跆拳道	风雨操场	4:00—5:00
	302	美术				跆拳道		4:00—5:00
	303	跆拳道	风雨操场	篮球	篮球场	美术		4:00—5:00
	304	跆拳道		美术		篮球	篮球场	3:40—5:00
	305	阅读		乒乓球	风雨操场	跆拳道	操场	4:00—5:00
	306	书法	书法教室	自定	自定	跆拳道		4:00—5:00
四年级	401	集体舞	操场	软陶	美术教室	素质训练	操场	4:00—5:00
	402			书法	书法教室			
	403			科技	科学教室			
	404			软陶	美术教室			
	405			软陶	美术教室			

续表

年级	班级	具体安排						活动时间
		周二		周三		周五		
		课程	地点	课程	地点	课程	地点	
五年级	501	集体舞	操场	自定	自定	素质训练	操场	4:00—5:00
	502							
	503							
	504							
		合唱团	音乐教室	合唱团	音乐教室	校园剧	阶梯教室	4:00—5:00

说明：周一、周四为轮滑社团活动时间。合唱团、校园剧是师生双向选择参加

（三）注重"三结合"教育，创造健康成长乐园

学生健康成长是家庭、学校和社会教育最基本的追求。对学生而言，没有健康就没有未来。关怀教育引导学校、家庭和社会关怀学生身心健康，注重学生养成健康生活方式。

其一，构建一体化组织机构。成立家教委员会、社区街道联席会，开通校长热线，建立调研、监控、活动制度。召开家长会，广泛征求家长的意见和建议，与家长共同商定有关学生健康生活方式的养成教育。

其二，签署健康承诺。为了保障师生的健康权益，学校根据实际情况制定了对学生的七项承诺，即：开设健康教育课，传授健康知识；合理安排作息时间，保证每天一小时的体育锻炼；定期对学生进行体检，并及时向家长反馈；按上级要求配合防疫部门按时对学生进行疫苗接种工作；采取应有的措施防止传染病在学校的爆发；定期聘请法治副校长进行安全教育，并进行疏散演习；定期检查校内设施，保证学生使用及教学中的安全。家校合作保证每个学生至少爱上一种运动方式，在校期间有使之引以为豪的体育项目。下课了，同学们有的跳皮筋，有的踢毽子，有的抖空竹，有的表演轮滑特技，校园溢满了欢声笑语。学校举办体育艺术节、"安康杯"乒乓球比赛、踢毽、跳绳比赛，学生

全员参与，不仅场面壮观，更让学生体验到了竞技状态下的合作群赢的快感。学校公示对教师的《六项承诺》和对家长提出《五项承诺》，深受师生家长的支持和拥护。

其三，统一思想，沟通信息，传播知识，携手健康教育活动。学校宣传橱窗、校报、网站上宣传健康知识，展示学生活动、学生作品；针对轻视体育运动思想观念，聘请北师大体育与运动学院的毛振明院长对全校师生与家长进行"享受体育魅力，搭建合育桥梁"主题讲座；每年春季召开亲子运动会，鼓励学生和家长参加所在社区假期活动。

其四，评选健康家庭、书香家庭，评选好家长，指导家教观念的更新，提升科学育人能力。

学校不仅注重师生的身体健康，更注重师生的心理健康和全面发展。健康的生活观在师生中扎根，师生在享受健康的同时不断完善自我，个人气质、智力、能力、动机、情感都得到全面发展，良好的人际关系逐步建立，集体荣誉感明显增强，"三结合"教育创造了学生健康成长的乐园。

下面是寒假前下发的《致家长朋友的一封信》：

致家长朋友的一封信

尊敬的家长朋友：

您好，一个学期的教育、教学活动已经进入尾声，感谢您在这一学期对我校教育教学工作给予的大力支持与配合。在此我们向您表示衷心的感谢并致以亲切的问候。

经过半年紧张的学习生活，您的孩子在各方面是否有很大的提高，希望您能多鼓励教育。尤其在假期要培养孩子自理、自护、自律、自强的意识，使学生愉快地渡过假期，为此，请您配合学校做好以下几项工作：

1. 社会实践"六个一"活动：与父母谈一次心；参与一次社区志愿服务活动（学雷锋活动）；读一本好书；参观一个有意义的场

馆；为长辈做一件好事；学习一项生活技能。

※参照活动一览表有选择的参与1—2项社区实践活动，制作寒假校外实践活动简报，纸质大小为A4竖版，配有活动照片和活动收获。可以制作电子版，也可以手绘制作。开学上交。

（简报要注明班级姓名）

2. 发布"我的快乐寒假生活"微博。在向阳小学梦想频道上传寒假生活的照片和博文，要求内容健康，撰写博文语言生动有趣，能够反映小学生的健康快乐的生活方式。

（微博登录方式：点击新浪·微博，输入微博登录名：xyxxmengxiang2013@163.com，密码：20132013，方可进入上传博文和图片，请不要擅自改变微博大头像）

3. 积极参加寒假"好习惯伴我成长"的活动。详细安排好假期学习生活计划。请家长根据实际情况填写后面的评价表，开学上交学校。

4. 安全伴我度假期。放假期间学生外出活动时，一定要注意交通安全，遵守公共秩序，注意防火、防盗。使用煤火的家庭要注意预防煤气中毒，要在指定燃放区燃放烟花鞭炮，并有家长带领。滑冰、滑雪要到正规冰场和雪场，不要去滑野冰，避免出现意外伤害；如遇雪天路滑，注意安全。在家注意节水节电，学会保护自己，不随便和陌生人交谈或把陌生人带回家，不得进入不适合学生进入的场所，学会保护自己。注意饮食卫生，预防疾病的发生。

5. 望家长督促学生按时完成假期作业。

6. 建议同学每个人建一个小存折，使自己的压岁钱花得有意义。

7. 返校时间：2月16日（周日）下午2:30，穿校服、戴领巾参加开学典礼。

开学时间：2月17日（周一）早晨穿好校服参加升旗仪式并正式上课。

希望我们家校携手，共同担负起培养孩子的责任和义务。谢谢！

三、践行五项关怀，引领学生全面发展

"学会关怀，学会感恩"，不仅是教育的方法和手段，也是教育的目标和结果。在向阳小学，学生的全面发展表述为——有能力、关心他人、爱人也值得别人爱的健康、智慧的学生。学校通过开展"五项关怀教育"，力促学生德智体美劳全面发展。实践证明，"五项关怀教育"彼此不是割裂的，学生的素质是综合生成而又富有个性、千差万别的。

苏格拉底有句名言，"美德是可以学会的，可以学会的东西就一定可以教会。"向阳小学传播关怀文化尊重了教育的规律，通过各种渠道，采用榜样、对话、实践、认可和熏陶等教育方法，在课堂内外广为传播，形成浓厚的文化氛围。

◆**关怀文化主要传播方法**[①]

榜样：一个人关怀能力的高低和热情有多少，在很大程度上依赖于自身以往的关怀经历。培养学生的关怀品质不是靠理性推导，而是靠关怀的感觉来激发的。在关怀教育中，教师无须告诫学生去关心，只需与学生建立一种关怀关系，从而来演示如何关怀。

对话：行为上的关怀拉进了彼此之间的距离，人们需要心灵间的对话，内心的关怀。对话是双方共同追求理解、同情和欣赏的过程；对话是双方真正的交流，没有固定的答案，是开放式的；可以是轻松的，也可以是严肃的；可以富于逻辑性，也可以充满想象力。在对话中形成良好沟通，赢得信任与理解。

实践：实践是最好的学习方式。关怀实践可以在社区中进行，也可以在校内进行。每次活动，都坚持"重过程轻结果"的原则，侧重每个环节的细节设计，带给学生的收获远远超过结果的获得。每一次实践活动都是在教授关怀的技巧和塑造关怀的心理。

---

① 田玉贞编著：《让爱传承》，中国轻工业出版社，2007年版，第12—14页。

认可：完整的关怀关系需要对关怀的认可。认可通常包括两个方面：一是对与现实相符的最好动机加以确认；二是引导人们朝向更好的自我去发展。学校不会替所有师生都树立一个理想或者寄予种种期望，但是会努力引导每位师生既要以平常和健康的心态正视个体的现实，又能够通过自身的努力去改变这种现实。

熏陶：学校在环境的创设方面，努力做到"移步育人"，让师生在脚步的移动中感受着关怀文化的魅力与熏染。

在关怀教育理念的指导下，学校尊重学生的需求，积极践行五项关怀，做到分年级落实，力争让每一个孩子多彩的活动中全面发展。

表 1-4　向阳小学年级关怀教育目标

级别	关怀自我	关怀他人	关怀知识	关怀自然	关会社会
一年级	知道什么是关怀自我	懂得关怀他人很重要，学会关怀家人	养成良好的学习习惯	认识动植物	尊敬师长
二年级	学会自己的事情自己做	关怀身边人	掌握学习的基本方法	关心、爱护动植物	主动为师长做事
三年级	掌握自我保护的基本技能和方法	关怀身边人，主动为身边人做事	掌握了解知识的途径	参加环保活动	参加社会实践活动
四年级	学会自我管理	了解身边的需求，能够提供合理帮助	掌握学习、了解知识的多种途径	积极参加主题实践活动	关注时事新闻
五年级	学会自我心理调节	了解身边的需求，能够提供合理帮助	能把自己了解的知识有目的地传递给需要的人	积极参并设计主题实践活动	关注时事新闻

（一）关怀自我，学会自立

践行关怀教育，最重要、最基础的就是了解自我、锻炼自我，学会关心自我，学会自立的本领。这也是帮助独生子女、单亲家庭子女、外来务工人员子女提升生存能力，获得未来幸福生活的基础。

学校设立"自护自救课堂"，培养学生对自己生命负责的意识；定期进行安全疏散演习、"云呵护"青少年自护教育实践活动、在燕山法院举办"青少年模拟法庭"活动等。学校还设计远足等活动，让学生看到自己的潜能。例如，组织高年级的学生远足去牛口峪水库参观，同学们称之为二次"红军长征"，感慨地写下了这样的句子："没想到我们居然能走这么远，没想到我真的这么厉害，竟然能够发现治理污水的秘密……这次活动让我懂得了坚持的重要，锻炼了我的意志品质……"学校引导学生学会调节自己的情绪，让学生保持好心情。如：每天想想自己值得夸赞的好事，与家长分享或对自己微笑。学校还积极与家庭联手，培养学生生活自理能力。

表1-5　向阳小学学生家务情况调查表

你喜欢做家务吗	喜欢	不喜欢
为什么不喜欢做家务（不喜欢做家务的原因是什么）		
你有时间做家务吗	有	没有
为什么没有时间做家务？你的时间都去哪了呢		
有时间做家务，你什么时间做家务呢？都会做那些家务呢		

表 1-6　向阳小学寒假好习惯评价表（开学上交）

班级		姓名	
评价内容	完成情况	评价内容	完成情况
早睡早起、早晚刷牙		每天独立完成假期作业	
自己穿衣叠被、整理房间		每天阅读课外读物半小时	
每天坚持体育锻炼 30 分钟		每天帮家长做一件事	
积极参加社区组织的实践活动		每天收看新闻，关心国家大事	
我的感想：			
家长评价：			

（二）关怀他人，学会体贴

在向阳小学这个充满关爱的校园里，孩子们享受着来自他人的关心，也学着用自己的实际行动去关爱他人，把自己的爱献给了更多的人，谱写着一首首动人的"关怀之歌"。

教师鼓励学生发现别人身上的优点和长处，组织低年级"我来夸夸他"主题班会，中年级"好书交换看，共享读书乐"捐书换书主题年级会，高年级

"我把祝福送老师""我为长辈做件事"的感恩活动。"阳光社团"长年坚持为修鞋部的残疾人爷爷送开水、模仿课文《五美元的故事》开展的"拍卖救助活动"、到燕山敬老院慰问演出、过节期间主动敲开邻居家的门,送上一张自己亲手做的贺卡、亲手包上一颗甜甜的糖果、高年级与低年级建设手拉手友谊班……学生们在享受着被关怀的幸福,也体验着体贴他人的快乐。

学校创造性的指导学生开展研究性德育实践活动。如,开展"跟父母上一天班"的实践活动、燕山地区骑车与行人违背交规的研究、"家庭卫生与公共场所卫生不一致的研究"等一系列的角色实践活动,引导学生从被动受爱者,变成主动观察者、积极体悟者。学生从主动询问家长的感受、做事的意图开始,逐渐学会观察老师、观察相识的与不相识的人,体会他人的感受,体谅他人的需要,揣摩他人行为意图,从"受爱者",变为"爱人者"。

《花钱与孝心》主题班会内容简记[①]

激情引入——用"如果你的手里有好多钱,用来满足你梦寐以求的一个愿望,你会用这些钱做什么呢?"引入话题;换位思考——让学生站在家长的角度,替家长想一想孩子花钱时的想法,并听一听家长的心声;追忆往事——引导学生们回忆爸爸妈妈自己省吃俭用,却慷慨给孩子花钱的情景;真情告白——学生和家长互赠"爱心卡"。班会涌动着亲情暖流,激荡着亲子间心灵的碰撞,不时看见学生们的泪光在闪动,不时看到家长们在擦拭眼睛……学生们纷纷表示:尊重爸爸妈妈的劳动,用实际行动来回报爸爸妈妈的爱。有的说要在爸爸妈妈下班时为他们献上一杯茶,让爸爸妈妈滋润喉咙;有的说要自己收拾房间,帮助爸爸妈妈减少家务劳动;有的说自己以前不懂事,经常让爸爸妈妈生气,以后一定要做一个懂事的孩子……

---

① 田玉贞编著:《让爱传承》,中国轻工业出版社,2007年版,第196—198页。

表1-7　向阳小学《我来帮助你》调查表

班级		姓名		时间	
你了解雷锋叔叔的故事吗？把你知道的用简短的话语写下来，讲给大家听	雷锋叔叔的故事 _____ _____ _____					
你知道生活中还有谁需要帮助吗	我知道，生活中_____需要帮助 我知道，生活中_____需要帮助 我知道，生活中_____需要帮助 我知道，生活中_____需要帮助 我知道，生活中_____需要帮助				
在你的班级里，校园里，找找身边的"小雷锋"	我发现，_____是"小雷锋"。因为_____ 我发现，_____是"小雷锋"。因为_____ 我发现，_____是"小雷锋"。因为_____ 我发现，_____是"小雷锋"。因为_____ 我发现，_____是"小雷锋"。因为_____				

（三）关怀知识，学会学习

学生是学习的主体，指导学生养成预习、复习的习惯，掌握小组合作学习的方法。表1-8是二年级学生整理的语文、数学学科单元知识思维导图：

表 1-8　向阳小学科学课学生课上活动记录表

	食物	会变色	不会变色		食物	会变色	不会变色
实验前猜想　遇到碘酒	馒头			实验后发现　遇到碘酒	馒头		
	米饭				米饭		
	黄瓜				黄瓜		
	鸡蛋				鸡蛋		
	牛奶				牛奶		
	肉肠				肉肠		
小组自评	1. 我们有顺序地完成了实验					是（　）	不是（　）
	2. 我们在实验中有发现					有（　）	没有（　）
	3. 我们在实验中做到了节约使用材料					有（　）	没有（　）
	4. 实验后，我们把实验器材摆放整齐					有（　）	没有（　）

为了培养有能力、健康、智慧的学生，学校以"教师教学方式变革，促学生学习方式改变"为研究主题，聘请北师大刘儒德教授等亲临课堂指导，提倡教师反思自己的教学，学生对知识接受不好，要寻找自己的原因。鼓励教师做到：这种方法学生接受不了，就换另一种。学习优势、四环节教学模式、英特尔未来教育方式、任务驱动式、支架式教学等应运而生。

（四）关怀自然，学会和谐

"天人合一"是中华文化的精华，关怀自然，与自然和谐相处是关怀教育的重要内容。几年来的教育实践，让我们看到了学生的成长进步。学生树立了"节约为荣、浪费可耻"的观念，形成了"人人爱节约、个个懂节能"的校园氛围。

向阳小学勤俭节约"六个一"活动倡议书(节选)

"节约一元钱,不需要的东西不要买;节约一张纸,作业纸用完一面可以反过来用背面;节约一滴水,洗完手,关紧水龙头;节约一度电,离开教室要关灯;节约一粒米,每顿饭后,碗里都不剩一粒米;节约一件衣,衣着整洁就是美。"

儿 歌

作者:二(3)班 王静宜

整洁校园是我家,我们大家都爱它。
破坏公物我不做,碧绿草坪不践踏。
不在墙上乱涂画,桌椅板凳爱护它。
它是我的好朋友,上课听讲全靠它。
遵规守纪守秩序,文明礼貌我当家。

校园里的小草绿树、教室里的盆栽植物,都成为"爱绿护绿"志愿者关心的"宝物",浇水、除草,其乐无穷;到牛口峪污水净化厂参观,使学生们了解燕山工业、生活污水的净化过程,懂得了循环水再利用的原理。

(五)关怀社会,学会负责

在关怀教育理念指导下,向阳小学组织开展了丰富多彩的社会实践活动,引导学生学会负责。如:小干部轮流制,让校园里每个人都有一个岗位,即使是门官也要尽职尽责,教师辅助指导,帮助每一个孩子成长。

学生们关怀社会承担责任的方式多种多样。最让人羡慕的百名轮滑队员参与第29届北京奥运会与国庆60周年群众游行表演,在参与过程中,他们了解社会,关心社会,培养了责任意识和使命感。国旗护卫队同学也多次承担燕山地区运动会等大型活动的升旗任务,升旗时他们动作标准、姿态优美、气氛庄严，成为同学们的骄傲，也从此懂得了国家的含义，增添了对国旗的热爱和对国家的忠诚。

高年级学生到燕山文化广场进行推广普通话的宣传、开展研究型德育活动，从花钱者到挣钱者的"我是小报童"角色实践活动，从享用者变为创造者的"今日我当家"活动，从普通行人变为"小交警"的"交通协管员在岗亭"活动，都承载了学生们的责任，提升了他们关怀社会的能力。学生们创作了《可贵的沉默》校园剧，通过给孩子过生日这件小事，歌颂父母对子女无私的爱，讽刺了只知索取，不知感恩的行为。此剧在学校公演，在燕山地区艺术节大会上展演，不仅获得一等奖的好成绩，而且教育了学生、家长，形成强烈共鸣。

孩子们从关注自我，到关爱父母、老师、同学、邻居、弱势群体等他人，到关心所学习的各类知识，再到关怀动植物、周围的物质环境，关心社会的发展与进步，在学校开展的一项又一项的活动中，他们的视野在扩大，爱的能力在提高，从被层层关爱的"我"中走出，从"小我"长成"大我"，从不知福的人走向知福、感恩、造福他人，有利社会的有用之人。

四、发挥关怀文化作用，持续创新发展

几年来，一代代向小人在实践中积淀关怀文化，在积淀中传承，在传承中创新。2007年《让爱传承——向阳小学关怀教育实录》一书，在全国发行。同年，燕山教委成功组织召开了田玉贞校长关怀教育办学思想研讨会。关怀教育影响力十分突出，向阳小学在燕山地区社会声誉很好。如今，关怀文化已经成为学校特色。学校浸润在关怀与感恩的氛围中，从管理模式到教师队伍的塑造、从教学改革创新到学校的和谐发展，都获得了新的智慧和方法，取得了实效。

（一）作用发挥

第一，关怀文化促进了学校管理变革。在深化关怀文化的过程中，学校实

施文化管理，使教师个人职业生涯与学校共同愿景融为一体。学校不再以刚性的要求约束教师，而是采用柔性管理，用共同愿景凝聚人心，激励教师自我超越，实现自我管理。

第二，关怀文化加速了教师专业发展。在文化建设过程中，教师的学习内容、学习方式、学习观念都有了全新的转变；提高素质、涵养品格成了教师高品质的生活追求；对教育教学中出现的问题开展行动研究，成为教师的自觉行为，加快了教师专业发展的速度。学校荣获"紫禁杯优秀班主任"称号的有10余人，有10余人成为特级教师工作站、名校长、名师工作室的成员，多名教师被选拔为教研员和校级干部。

第三，关怀文化优化了学生成长的环境。关怀文化的打造为学生的成长提供了良好的氛围，促进了学生健康成长。随班就读的学生得到了个性的指导；外省市借读的学生享受到了平等的教育；灵活多样的教学与作业设计，减轻了学生的课业负担；多彩的社团活动，开阔了学生的视野。关怀文化浸润在学校的每一个角落，孩子们沐浴在这样的环境中得以健康、快乐地成长。

（二）基本经验

向阳小学在弘扬关怀文化的过程中，积极践行五项关怀，促进了学生全面发展。基本经验是：

一是在角色实践中，学习换位思考。学校依据内尔·诺丁斯关怀教育理论的思路，从三个方面设计学生角色实践活动。即从孩子将来要从事职业、要有家庭生活、要成为合格的公民考虑角色体验活动的要求。活动的原则是"两全"，即：学生全员参与，全过程参与。学生必须亲身体验，家长等人不得代办、替办。活动的设计可以是教师提出学生选择，也可以学生和家长共同设计。操作的模式是：先设计活动、再实践体验，最后师生共同交流与分享，教师给予必要的点拨和价值引领。

二是在"体贴送温暖"行动中，学习表达感恩之情。在"学会关怀"的教育实践中，换位思考是关键，学会感恩是重点。学会换位思考，可帮助学生学会包容和理解，懂得己所不欲勿施于人的道理；学会感恩，有利于学生与他人建立合作关系，共享生活与工作，懂得知恩图报的道理。每一个节日都成为学校感恩教育的契机，在师生互动、亲子互动，同伴互动中创造性开展"体贴送温暖"行动，让学生们体会真诚的语言可贵，忠实的行动可敬，亲切的肢体语言必要，懂得"体贴送温暖"是人人需要，时时需要的，从而学会表达感恩之情。

三是在参与展示中，学习悦纳自我。悦纳自己指的是能够喜悦的接受自己，坦然接纳自己的优、缺点。学校积极为学生搭建参与展示的舞台，指导学生参与实践与锻炼，引导学生关爱自己，不断调节自己，使自己更加完善。

四是多彩的活动中，创造和谐共处的生活。活动和游戏是学生成长的沃土，是小学生学习和谐共处的重要方式。学校提倡"为他人喝彩，为自己加油"，培养学生友好接纳他人的能力，进而提升建立良好关系的能力，学会主动与他人合作。

（三）新时代，新征程

新时代，新征程，我们要擦亮关怀教育品牌，进一步鲜明办学特色，学校提出"向阳而生　有爱而长"的办学理念。我们将学校名称中"向阳"与育人内涵链接，把时代要求与少年特点相结合提出"阳光坚毅、志正修远"的校训，其核心价值观是："阳光培育真善美，坚毅担当向未来"。我们强调"温暖有度、公正有爱"的管理文化，"和煦乐学、求真善问"的课堂文化，进而培养"阳光有爱　担当坚毅"的新时代少年。

学校文化建设是一项长期的、艰巨的系统工程，不可能一蹴而就。在今后的工作中，向阳小学师生将持续拓宽关怀文化传播途径，彰显关怀文化的力量，在传承中不断创新关怀文化，丰富关怀文化内涵，不断提升办学品位，引领学生全面发展。

第二章　建章立制：规范管理

规范管理是由学校组织的本质特性决定的。学校作为一个共同体，要求成员拥有共同的愿景和价值观，具有良好的组织学习文化和信任、真诚的人际氛围，能真正运用反思、探询、倾听、对话、讨论等技巧来共同学习和实现专业发展。因此，校长要构建共享的发展愿景、价值信念、理想目标，通过专业权威和道德权威来完成学校教育的最终使命；校长要成为学习型领导，民主、开放、授权，具有凝聚力和人格魅力，注重变革创新和专业发展，能带来组织文化的改变及学校成员心智模式与行为模式的转变。建章立制就是要通过师生、学校社区、家长等对学校教育工作产生强烈的认同感与参与意识，实现学校教育的育人目标。

一、完善章程建设，强化依法治校

《中华人民共和国教育法》第二十六条指出："设立学校及其他教育机构，必须具备下列基本条件：（一）有组织机构和章程"。《中华人民共和国教育法》第二十八条规定，学校"按照章程自主管理学校"。这是学校法人地位的重要体现，也是落实学校法律地位的重要保障。《国家中长期教育改革和发展规划纲要》也再次强调："学校要建立完善符合法律规定、体现自身特色的学校章程和制度"。由此可见，制定学校章程，是依法治教、依法治校的重要举措，是教育发展的必然趋势，是现代化教育发展的客观规律。学校章程有利于规范学校内部管理，形成完备的规章制度体系，有利于学校内涵发展，形成学校文化。因此,做好学校章程的制定和实施工作就势在必行,必不可少。

(一)学习研讨,弄清到底什么是章程

教育部在《关于实施〈中华人民共和国教育法〉若干问题的意见》中提出了"各级各类学校及其他教育机构,原则上应实行一校一章程"的要求,我校在教委的组织指导下,几年前也初步完成了学校章程的制订,大家对"学校章程"这一词语并不陌生。

但到底什么是学校章程呢?在前几年最初制订校章的时候,我们对于这一问题的思考并不是十分深刻。这次在聆听了陈教授的培训之后,我校组织参加培训的行政人员坐在一起,认真进行了研讨,并查阅了一些资料,对章程的概念有了更加明确与深刻的认识——学校章程是指为保证学校及其他教育机构正常运行,主要就办学宗旨、内部管理体制及财务管理制度等重大的、基本的问题,做出全面规范而制定的自律性文件。它是学校进行自主管理、开展各项活动的基本依据。对这一概念,是否理解以及理解程度如何,是制定学校章程的前提,它直接决定着学校章程的质量。关于这一概念,我校经过讨论研究形成以下共识:(1)学校章程是学校基本的纲领性文件,是学校中统领全局的文件。它在学校中的地位及对学校工作的影响,如同《中华人民共和国教育法》在我国教育中的地位及其对我国教育工作的影响。(2)学校章程是就学校中重大的、基本的问题,如学校的内部管理体制、校长的权利与义务、学校主要机构的设置及其职能分工、学校重大事项的决策程序、学校的财务问题等,做出规范。(3)学校制定章程的目的是保证学校工作的正常运行,抵御外界的非法干预,避免自身工作的随意性,形成学校自主发展、自我约束的运行机制,从而提高学校工作的效率。

(二)提高认识,弄清为什么要制定章程

作为一所已经进入21世纪的学校来讲,"学校管理要以人为中心,服务于人并以人的发展为目的,建立起依法治校的管理体制"显得尤为重要。因为推

进依法治校工作是全面贯彻党的十六大精神，落实依法治国基本方略的要求，依法治校保障着教育方针的贯彻落实和素质教育的全面实施，促进着教育的改革和发展，也体现着学校的教育水平。

正如一位专家所说，"在实现教育现代化的发展进程中，我们必须充分意识到教育法制化的重要意义。发达国家的实践表明，教育法制化是实现教育现代化的重要前提，而教育法制化的水平也已成为衡量一个国家教育现代化水平的主要标志。"当然，依法治校的管理体制里包括的内容很多：要依法制定和完善学校章程；完善学校决策机构；建立健全学校教学、财务、资产、收费等各项制度；推进民主建设，完善教职工代表大会制度；维护教师权益和保护学生权益等。

在所有的内容中，依法制定和完善学校章程又是最为重要的。因为学校章程是依照《教育法》《义务教育法》《教师法》《未成年人保护法》等一系列相关法律制定的，是为保证学校正常运行，主要就办学宗旨、内部管理体制及财务活动等重大的、基本的问题，做出全面而规范的要求，从而形成自律性基本文件。它是学校中统领全局的文件，是学校的"基本法"，在学校规章制度体系中属于龙头地位。如果我们只是空喊"依法治校"，没有具体落实措施，那么"依法治校"喊得再响，也不过是空头口号而已。只有抓住了学校章程建设这个龙头，才能把依法治校抓到实处。

我校在2011年迁入新址后，与前进一小合并，两校在文化建设、管理体制、管理模式、教师队伍管理等方面都存在着诸多的不同，在这种客观情况下，迫切需要学校内部有一个相当于法规性的文件，统一办学思想，统一管理制度，统一发展愿景等。学校章程正可以担当此任。在学校章程的引领和指导下，一系列的规章制度才能陆续出台，从而成为全体师生员工行为规范的"法律依据"。

（三）规范运行，弄清如何修订章程

1. 高度重视，进行周密安排

俗话讲，不打无准备之仗。我校非常重视校章的重新修订工作，在所有行政领导参加了今年3月份教委组织的第一次章程建设工作的培训会之后，我们对校章的修订工作进行了周密的安排，做到了"一个第一时间"，成立了"三个小组"，明确了校章修订的"七个步骤"。

（1）一个第一时间

在教委组织的校章修订培训活动结束后，我校第一时间召开了行政干部会，明确了校章修订的具体要求及时间安排，对章程修订涉及的有关事项进行了深入充分研讨，按照总则、管理制度、教育教学、后勤、教师、学生等部分进行了具体分工，使工作有了一个良好开端。

（2）三个小组

成立了校章制定工作领导小组——由校长任组长，孟书记任副组长；刘海燕、景芝玉两位副校长任组员，负责校章制定的组织、领导工作，进行具体分工，组织进行起草、审议、提交等。

成立了校章修订小组——组长：董永仿老师；组员是各位行政人员。在校章修订之初，我们组织修订小组成员学习了五一小学、北京小学、海淀、昌平、通州等区县多个小学的校章，全面详细地了解校章的结构、内容、语言等，为校章的修订提供了丰富的素材和广泛的参照。

在汲取了许多经验的基础上，校章起草小组成员坐在一起，每人一份原有的校章，对照陈教授在培训时所讲的内容，针对自己所负责修订的部分，介绍了自己的修改意见；之后，由全体校章修订小组人员对每一章、每一条、每一款等内容给出修改建议，再由具体负责的人员完成校章的修订；最后，由组长董永仿老师完成修订后的校章的统筹整合，形成正式文稿。

成立了校章审议小组——由魏校长任组长，教代会成员任组员。校章审议小组负责对新修订的校章进行审议。

（3）七个步骤

理解培训内容→行政会研讨修订内容→分部门进行修订→汇总形成初稿→教代会审议→再次修改→提交教委，并按步骤完成了校章的修订工作。

2. 求实创新，突出自身特色

只有共性要求，没有个性特色的学校章程是难以发挥作用的。因此，制订学校章程必须在认真分析学校自身的优劣势、潜能和生长点等方面问题的前提下进行。学校的章程要充分认识和反映学校的校情基础，要着眼长远，为未来发展留下充足的制度空间，应当起到鼓舞人心和凝聚力量的作用；应当反映出学校所具有的办学理念和办学特色。只有制订出充分体现学校自身特点的学校章程，才能实现共性与个性的有机整合。因此，在校章制订过程中，我校强调校章修订既要符合相关要求，又要因校制宜，体现个性和特色，倡导创造性地修订学校的章程。

我们以合法性、规范性、先进性、可操作性、个性为原则，紧紧围绕"关怀教育"办学思想，将学校的办学思想融入了校章中，体现在教育教学等各个方面。如：校章中有"德育工作的开展秉承关怀教育思想，围绕'关怀自我、关怀他人、关怀知识、关怀社会、关会自然'五项关怀，通过主题活动、社团等形式开展活动，培养'懂得爱人也值得人爱的健康、智慧的学生'，为学生的一生幸福奠基。"等内容，使章程体现出了学校的办学特色。

再如：校章中关于"教职工管理"这一章，最初修订时，我们看了很多学校的校章，浅显地认为只能写教职工的权利与义务，不能写其他内容。在听了陈教授第二次培训指导以后，我们重新修订了这一章的内容。我们在教师培训方面已经做到了四个转变，即：变讲授式培训为参与式培训，变单一化培训为多元化培训，变被动接收的他人培训为主动进取的自我培训，变平面式培训为立体式培训。我们结合这些转变，在校章中加入了"学校根据教职工成长发展的需要，通过'2433+N'立体培训体系对教职工进行培养，即：通过分层、分级培训,搭建自主学习、小团队学习、组织学习、网络学习'四级平台',围绕职业道德、专业知识与技能、心智模式三条主线,通过任务驱动、特色带动、展示'传'动三种方式,开展教育科研、深度会谈、团队展示等'N'个富有特色和实效的活动,打造教职工团队。"这一条内容,在体校学校特色的同时,也避免了千篇一律内容的出现。

又如,为落实《关于在义务教育阶段推行中小学生课外活动计划的通知》精神,我校积极与地区教委、少年宫等上级单位联系,与轮滑、跆拳道等体育培训机构联系,与社会大课堂资源单位联系,与本校有艺术特长的老师沟通,多方携手,共同商讨,采用"四个结合"的形式,即:长短课结合、大小课结合、校内外结合、普及与提高结合,开设了26门课外活动课程,满足了学生的多样化、个性化的需求,受到了学生的喜爱,调动了学生的积极性,有助于学生潜能的开发。在这次的校章修订中,我们将这方面的内容写进了校章,即:"以关怀教育办学特色为指导,根据学生发展需要,充分发挥教师特长,挖掘校内外教育资源,开设轮滑、管乐、校园剧、跆拳道、紫砂陶艺等特色校本课程,促进学生全面发展。",使校章内容操作性更强,特色更明显。

3. 深入讨论,补充欠缺内容

尽管陈教授在第一次培训时,对"校务委员会"的内容进行了强调,但在校章初次修订时,并没有引起我们足够的重视,因此,我校第一次修订的校章中也没有"校务委员会"的相关内容。在参加了陈教授的第二次培训之后,我们认识到了"校务委员会"的重要性,搜集了相关了资料,召开了行政会,大家一起研讨,对成立校务委员会的意义、人员构成、工作原则、主要职能等有了更加具体深入的认识。在集思广益的基础上,我们在校章中增加了有关"校务委员会"的内容,如下:

学校实行校务委员会制度,推进管理决策的科学化、民主化。校务委员会由学校领导4人、教师代表5人、家长代表18人,社区代表2人组成。校务委员会每学年一届,每学年至少要召开1—2次会议,每次会议必须有三分之二以上的委员出席方能召开。校务委员会坚持依法治校、以生为本、民主集中、沟通协调的工作原则。

校务委员会主要职能：宣传学校的发展规划和重大决策，调动各方面的积极性；提供社会对教育的需求信息，提出完善学校管理和学生教育的建设性意见，反映学校服务对象的意见和建议；对学校或者校务委员会委员提交的有关学生管理、学生发展和涉及家长切身利益的事项进行审议并做出相应决定；对学校执行教育法律法规、实施素质教育等工作进行评议和监督；这样的内容补充，使得校章在内容设定上更加规范。

4. 享受过程，收获更多幸福

《章程》的修订，是一个学习的过程，是一个思考的过程，是一个研讨的过程，也是一个烦琐的过程。在修订的过程中，从参加校章修订工作的培训，到行政会逐条进行修改研讨；校章起草小组分部分撰写，到形成交由教代会审议的草案；从参加第二次培训，到对校章的再次进行修改，从总则、分则、附则以及章条款项的设置，到注意"要""应"等词语的运用、"要认真，尤其要，同时做好"等词语是总结语言不是章程规范语言、注意避免用"教代会"尽量用全称、报行政主管部门"核准"而不是"批准"等细节，每一个步骤、每一个环节，无不是遵循着一种严谨规范的程序。

在这个过程中，学校各部门、各级管理人员的岗位职责更加清晰；大家对"创办全国关怀教育特色学校"的共同远景、"培养懂得爱人、也值得人爱的健康、智慧的学生"的育人目标等有了更加深刻的理解；教职工代表大会制度得到了强化，民主管理与校务公开工作更加深入；轮滑、管乐、校园剧、跆拳道、紫砂陶艺等特色校本课程、教职工的"2433+N"立体培训体系、引导每个学生爱上两个体育项目、参加一项科技活动、拥有一项文艺特长、参与多个实践活动的"2+1+1+S"工作目标等学校特色进一步凸显。

在这个过程中，大家学习有关政策法规、借鉴其他学校的章程内容、梳理办学思想、设计框架结构、完善章程条文，尽管烦琐忙碌，但更是充实与提高，大家享受到了那份工作的喜悦与幸福。

（四）依章治校，弄清章程干什么用

校章修订的目的在于实施，从构建现代学校制度的长远角度来说，修订章程只是其中第一步，接下来还有许多工作要做。当然，我们知道在今天的现实环境中，许多事情完成了文本建设以后，也许就万事大吉了。如果没有人去督促、指导，那些文本的东西可能在很长一段时间内没有人会想起它，当然更谈不上去落实。

为了将依章治校落在实处，为了让学校能真正根据章程确立自己的办学宗旨、管理体制及各项重大原则，制定出具体的管理规章和发展规划，自主地做出管理决策，建立并完善自身的管理系统，组织实施各项管理活动，在校章修订的过程中，我们及时修订和完善了与章程配套的相关制度，如《教职工年度考核细则》《班主任考核评价细则》《校级骨干教师评选与考核细则》《优秀教研组评选条件》等，使校章的实施有了可靠的依据，也使行政管理人员尽可能避免了工作的随意性；进一步明确了学校各部门在工作中的职责和任务，要求各个部门在考虑规划和制定计划、完成总结时，都要围绕学校章程确立的办学理念和育人目标，根据各自工作职责和分工，认真加以落实，形成工作的合力。

当然，为了贯彻实施好校章的规定，在校章核准之后，我们还将努力做好相关的宣传解释工作：首先，组织教师进行学习。我们将把《燕山向阳小学章程》放到FTP校内共享平台上，要求大家对照条文认真学习，既要认真履行自己的义务和责任，又要认真行使自己的权力，按照《章程》兢兢业业做好本职工作。其次，面向学生进行宣传。我们将把《章程》中规定的落实"2+1+1+S"工作目标、学生入学、考勤、表彰与奖励等与学生密切相关的内容，通过校园广播进行宣讲，让学生时时处处进行对照，接受学生监督，从而促进执行政策的公正和公平。再次，面向社会和家长宣传。我们将把《章程》放到学校的网页上，并通过家长学校等途径向家长、向社会宣传学校的《章

程》，让社会各界了解学校的办学思想、育人目标、办学行为等，以得到大家对学校的监督、认同和支持。

二、践行管理标准，从学校内涵发展

学校积极践行《义务教育学校管理标准》，在扎实推进素质教育过程中不断传承和创新关怀文化，立足"办有温度的教育"，不断创新关怀文化体系构建，不断突出"有温度"的关怀文化特色，彰显教育情怀，实现教育理想。

（一）依法治校，促进教育公平

推进依法治校是全面贯彻党的十九大精神，落实依法治国基本方略的要求，体现着学校的教育水平。我校依据《燕山教委义务教育阶段学区划分方案》，免试招收片区内年满六周岁的儿童入学，均衡编班；严格执行收费公示制度，在国家免费提供教科书的基础上，免费为学生配备了《阅读课堂》《写字课》《口算》等教辅材料；我校依据《北京市中小学校学籍管理办法》的规定，由电教管理员指导班主任对学生学籍实行网络平台管理，没有出现过辍学情况；我校积极与关工委携手，邀请知心姐姐朱虹老师来校，对学困生进行心理辅导，由任课教师进行学习方面的指导。随班就读学生得到了个性指导；外省市借读学生享受到了平等的教育。

（二）完善制度，实践文化管理

我校借鉴工分制管理理念，全面梳理了各项管理制度、工作职责，编制完成了《向阳小学工分制管理手册》，进一步明确了每个人的工作岗位、工作职责、工作要求；设计制作了区域责任卡、设备责任卡，做到了责任到人，提升了管理的精细程度。我校积极推进内部控制建设，在专业人员协助下，对各方面的工作进行了流程梳理，财务收支、发票报销、公车使用、食堂采购等管理重点均有明确的流程规范，实现了管理的标准化，减少了疏漏。我校改革教师评价方式，在对教师进行考核评价时，一改统一标准为分类标准，对行政干部、班主任、任课教师、后勤人员按照不同的标准进行评价；二改单一评价为多元评价，让教师、学生、家长参与评价；三将总结性评价与发展性评价相结合，在年度考核基础上，通过自我反思、风采展示、多元激励等方式进行发展性评价，增强实效性，突出合理性，体现公平性。

我校以人为本，以人的价值实现为最终管理目的，实现文化管理。学校通过制定"十三五"规划，明确了发展的方向；在此基础上，指导教师完成了个人的"三年成长规划"的制定，让每位教师都有目标，有"奔头"。我校多次迎接上级领导检查、调研，承办全国友善用脑教学改革展评活动、承办"学科实践活动课程建设与实施研讨活动"、承接"特级教师张立军走进燕山"活动，完成北京市党建示范点检查验收、国家义务教育质量检测等任务，每一次任务都是对教师队伍的一次历练和考验，也是教师自我管理的成果体现。大家发挥各自优势，团结协作，圆满完成了各项任务。学校凝聚力日益增强，"全校一盘棋"得到充分体现。

（三）研训结合，引领教师发展

一个学校的发展，凭借的是团队的力量。在向阳小学，我们既注重打造名师，更着重打造"名师团队"，引导大家用快乐的心态对待工作和生活，在主动与合作中实现新突破。

1. 打造奋发有为的干部团队

我校要求行政干部要做到明确一种意识：全心全意为师生家长服务的意识；做到思想上"合心"，工作上"合力"，行动上"合拍"；完善了《向阳小学行政干部考核评价表》，明确了行政干部的考核细则；增加了《行政干部值班巡查表》，每天由值班的行政干部对早读、课间操、眼保健操、校园广播、课后班等情况进行全面督查；坚持每周的中心组学习，强化干部全心全意为师生家长服务的意识。而迎接教学视导、组织教研组展示活动、承办燕翔杯比赛、迎接义务教育督导检查、争创语言文字示范校、党建示范点、举办课程展示演出等大型活动，增强了干部与各部门的团结协作；而学期末对干部的打分评议、干部对照计划的反思以及新学期的工作设想,则有利于干部执行力的提升。

2. 打造勇于奉献的党员团队

我校重视党员队伍建设,面向全体党员进行了"学党章党规、学系列讲话,做合格党员"教育活动,开展了"落实'两学一做',争做'四讲四有'合格党员"等主题学习培训活动,通过佩戴党徽亮身份、撰写体会表思想、义务劳动做榜样、微型党课来宣讲等形式,激发党员以奋发有为、昂扬向上的精神状态,勇于奉献,为学校发展做出应有的贡献。

3. 打造爱岗敬业的教师团队

我校以"实现关怀教育梦想"为总目标,在"全校一盘棋"思想指导下,开展了"践行社会主义核心价值观,争做人民满意教师"等师德教育活动,学习《教师职业道德规范》谈自身感受、做"廉洁自律好教师"主题活动、"我是责任者""优秀教师的五个传承"主题讲座、教师职业礼仪培训等,"感受教育幸福、实现自我超越"主题讲座等,使老师们对教育幸福有了更深的感悟,对教师的责任有了更加明确的认识,将教师的道德规范铭记心中,也使大家在参与中诠释了"什么是竞争与合作""什么是集体与个人""什么是共性与个性",也更加清楚地认识到:学校的事无小事,团队的荣誉是大事,集体的利益是要事,大事、小事和要事都是大家共同努力奉献的光荣事。

我校关注教师需求与发展,不断创新培训模式,促进教师专业成长。对于青年教师,通过思想指导,专业分析,明确自身教学优势与不足,设计新颖独特的培训内容,制定近期可行的发展目标,激发青年教师比学赶超的竞争意识,形成了青年教师温故知新勤学苦练的量身定制型校本培训模式。我们成立了"青年联盟"团队,制定了"盟约",青年人设计开展"朗读者"活动,通过"青年汇"活动,聊聊班主任那些事,大家互相听课,一起研讨,共同进步;对于发展中教师,通过心理疏导,案例分析,寻找其自身的薄弱环节,制定学习计划,激发其突破自我的创新意识,形成了推陈出新、跬步千里的厚积薄发型校本培训模式。对于成熟教师，通过团队协作，专家指引，引导成熟教师重新审视自己的发展规划，激发其示范引领的专家意识，形成了成熟教师百尺竿头更进一步的合作共赢型校本培训模式。我校组建了"杨红军班主任工作室"，充分发挥其在班主任工作方面的示范作用，带动青年班主任不断成长。我校还对校级骨干教师、在岗的25年以上的班主任、校级骨干班主任每月发放津贴奖励。

（四）立德树人，提升核心素养

我校不断加强学生的思想道德、行为规范和礼仪常规等方面教育，努力培养举止文明、品德优良、心理健康且富有创新精神的一代新人。

1. 在变革中夯实德育管理

我校建立了"校、处、班"三级管理体系，形成了班级团队层级制，即：高年级和低年级手拉手的"友谊班"，学生们互帮互助；以同年级为主的"同步班"，向着一致的目标努力；班主任与班主任手拉手的"师徒班"，寻求班级管理上的标准与成长。成立了德育领导小组，组建了"教师文明岗"和"校园志愿者服务队"，采用"多人多岗多轮换"形式，在教学楼各处，从学校管理层到基层班，形成密切的连贯层级联系，规范学生行为。

在此基础上，我校不断改变工作方式，创新工作方法。例如：我们打破以往坐下来说现象、谈问题、定任务的常规班主任例会模式，改成现场观摩交流，再集中总结反馈。班主任走进各个班级，针对研讨主题，参观班级板报、环境布置，学习班级卫生管理、班级文化建设，既充实又高效。

我校不断转变班主任培训形式，充分发挥骨干班主任引领示范作用，通过"紫禁杯"优秀班主任经验介绍，让大家对照方法"跟着做"；进行了"骨干班主任"评选，评出了五位校级骨干班主任，由她们"指导做"；"杨红军班主任工作室"，逐步形成了工作指导法，青年班主任先从"学着做"，再到"指导做"，力争实现"独立做"，以达到新任班主任一个月见"模样"，一学期见成效，一学年出成果，全面提高班主任队伍的综合素质。

2. 在德育课程中促进学生发展

我校致力于办有温度的教育，着力构建"有温度"的"三育"德育课程体系，全面提升育人水平。

(1) "润育"课程，实践全员德育理念

全员德育关键在于学科德育的落实。我校以学科教学为载体，充分挖掘学科教学德育元素，积极推进"润育"课程建设，践行全员德育的理念。

学科教师依据新课程要求，紧密结合学生实际，深刻挖掘教材中德育资源，通过精心设计教学过程、运用教学机制、教学策略，关注教学内容的选取、常态教学的实施、教学活动的开展、教育契机的生成、合作学习的成效，对学生加强社会主义核心价值观，以及良好习惯养成的教育和培养，促进德育教育目标的有效达成。如：通过《道德与法治》和《品社》学科学习，在听故事、讲发现、谈体验中学礼仪、明事理、懂规矩；在语文课上，感受中华文字的优美、了解中华民族的悠久历史、灿烂文化，增强民族自豪感；在学科学习中，学会倾听与表达，学会自学与合作，学会交流与分享，养成良好学习习惯。

(2) "沁育"课程，提高学生核心素养

我校根据学生的心理特征和身心发展规律，围绕不同的教育主题，推进"沁育"课程建设，全面提高学生核心素养。

◆法制安全主题课程，让学生能独立会内省

我校积极与派出所、消防队、交通队、税务局、城管执法队沟通，充分利用房山区人民法院、燕山法院等教育资源，围绕"法制教育、自身安全、预防校园欺凌"等内容，开设了"交通安全知识进课堂""税务知识""乘坐电梯……"、参观法庭现场、参与未成年人案例新闻发布会、安全疏散演习等主题课程，让学生积极学习相关的法律知识，培养学生的独立人格，让学生学会保护自己,学会在反思中改变,能够心态平和的接受一切改变,增强主动适应、超越自我、勇于创新的能力。

◆**文明素养主题课程,让学生能友善会感恩**

我校以"社会主义核心价值观"为引领,以培养学生良好行为习惯为重心,依据《小学生守则》、新的《中小学生日常行为规范》的要求,积极构建文明素养主题课程,本着"年度有主线,月月有主题,天天是活动,处处受教育"的原则,有计划、有阶段、有层次、有重点、有评价地以推进新规范的落实,引领学生学会对父母友善、对朋友友善、对动物友善、对社会友善、对自然友善,形成会感恩的健康的心态和做人境界。

我们将学校作为落实"新规范"的训练场,利用开学典礼、周一升旗、班队会、校园广播、校园铃声等时机,开展新规范教育活动;利用班队会时间借助新规范动画视频、小儿歌、自测题等,引导学生全面了解《新规范》内容。班主任带领学生们自行设计班规班约,创建落实新规则特色实践活动,如:设立"今天我当家"责任岗、制作手抄报(电子小报)、连环画,开展"我身边的文明"故事交流会,以及"学规范衍生品"作品展等。学校成立"我是责任者"小小宣讲团,在全校范围内进行宣传,充分发挥榜样的影响力量;还利用实践基地,开展学习践行新规范的"定向猎狐"实践活动,锻炼学生的意志品质,培养团队精神,让学生在活动中习得知识,懂得规范。

◆**传统文化主题课程,让学生能共处会审美**

学校根据学生特点,积极推进传统文化主题课程建设。我们结合"母亲节""重阳节"等节日,介绍节日的来历、节日的传统意义、开展"芬芳鲜花,感恩母亲""九九重阳日,秋高敬老节"主题活动,引导学生尊老敬老;结合爱国主义等教育主题,举行以"铭记历史 圆梦中华"为主题的开学典礼、"国旗在我心中"诗歌朗诵比赛等,引导学生懂得"少年强则国强";我们积极推进社会主义核心价值观的宣传与落实,通过利用升旗仪式举行一次启动大会;组织一次主题班会活动;主办一期主题墙报;举行一次童谣创编大赛的"四个一"活动,将社会主义核心价值观与行为习惯培养结合了起来。其中，我们开展了"文明校园我承诺 诚信做人我践行"主题活动，要求学生诚信做人，言必信，行必果。在习近平总书记提出的"注重家庭、注重家教、注重家风"的要求指导下，我校积极与关工委携手，邀请知心姐姐朱虹老师来校，进行了"传家风树校风，做美德少年"主题课程系列教育活动，引领学生在写一写内心的感悟，画一画身边的榜样，动手做一做衍生品的过程中，学会建立良好人际关系与合作关系，能与他人为实现共同目标与计划而团结合作。

（3）"沐育"课程，助力学生快乐成长

我校积极从多维度推进"沐育"课程，即德育活动课程建设，让学生"沐育"在活动中参与体验，在体验中感悟，在感悟中成长。

◆实践活动课程拓宽视野

我校充分利用社会教育资源，依托社会实践教育基地，积极推进实践活动课程建设。每一次的燕山石化教育基地参观学习、每一次的牛口峪污水厂远足、每一次的图书馆阅读交流、每一次的科技馆学习体验、每一次的养老院慰问演出、每一次的社区志愿服务……都给学生们留下了深刻印象，拓宽了学生的视野，也成为学生们走上社会、了解社会的渠道。

◆主题"节日"课程提高素养

我校每年举办一次校内体育节（4月底）、科技节（11月）、艺术节（3月），带动学生们积极参与到活动中。各"节"活动的开展中，学生们矫健的身姿、奔跑的速度、跳动的身影、动人的演唱、优美的舞姿、饱含激情的表演、动漫作品的展示、金点子的征集、科普游记、摄影作品的展览，都成为学生美好的记忆。学生们在全员参与、全程参与、全方位参与的过程中，提升气质，不断成长。

◆社团活动课程发展特长

我校注重学生社团建设，先后组建了"红领巾广播站""小小电视台""校园小记者""校园戏剧社""少年军校训练营"等多个德育活动社团，引领学生在社团活动中关心社会、关注学校发展，展示个性，锻炼能力。

我校的校园小记者能够用流利的英语对外国友人进行采访，还曾参与了"两会"的采访与报道；我校少年军校训练营每培养了学生的国防意识，激发了学生爱国主义情感，增强社会责任感和集体主义的思想意识。其中，通过选拔而组成的国旗班更是多次承担区内大型活动的任务。国旗班成为我校的一张名片。

3. 在合作中赢得家长支持

我校注重"开放办学"理念，通过多种形式，谋求与家长之间的合作。学校微信公众号、宣传橱窗、网站上学生活动及作品展示、校报的编印都成为家长了解学校的渠道；而家长开放日、家长访谈、家教委员会例会等则成为家长为学校发展、学生成长出谋划策以及对学校工作进行监督评价的平台。在此基础上，我校成立了家长学校，制定了家长学校章程，积极推进家长学校课程建设，通过《给孩子五个最好习惯》等家长教育主题课程，引导家长与学校、教师统一教育观念，指导家长走出家庭教育误区；我校还充分发挥家校委员会的作用，积极推进家校协作课程的建设。一是利用家长资源，聘请专业教师，丰富课外活动课程的内容；二是让家长参与学校监督与评价，通过座谈会、评选"我心目中的好老师"等为学校发展提出建议；三是让家长参与学校管理与活动，如：在家长提议下，成立了"家长志愿者服务队"，每天清晨上学时多名家长志愿者出现在校园门口，接护学生快速上下车，送到学校门口，减少拥堵，确保学生安全。目前，这支服务队已有150余位家长参与其中。学校运动会、轮滑表演、集体舞展示、管乐团演出、合唱比赛等大型团队活动，都离不开家长的支持与参与，他们接送孩子，主动为孩子化妆，积极参与拍照留资料，让更多的人了解了学校，了解了学生，实现了教育合力最大化。

（五）落实常规，提高教育质量

1. 加强课程建设，构建关怀教育课程体系

我校尝试打破原有分科课程间的壁垒，开发实现个性发展的特色化课程的

总体目标。目前已形成关怀文学、关怀思维、关怀体能、关怀艺术、关怀科学五大课程体系，对应形成了"明德、启智、健体、修身、创新"五个维度的课程体系，有效落实国家课程、地方课程，并形成了自己的校本课程。形成了低年级普及与提高相结合，发展学生特长；中高年级传统与特色相结合，发展学校品牌特色；部分课程实现了学生在自愿报名和学校统筹安排的基础上，重点把传统文化与特色课程相结合，逐渐把课程建设发展成学校的品牌项目。

2. 强化内部管理，提高教学工作实效

我校坚持以教学为中心，健全和完善了教学工作的各项管理制度，实现规范管理，让教师教有所依，做事有法。

（1）领导干部负责制

学校提出行政干部做事要"四有"：教育要有新理念，管理要有新思路，工作要有新举措，教研要有新方法。每两位教学干部对接一个年级，每位教学干部对接一个教研组，实行层级负责，深入教学一线，做到了每名教学干部每学期听课不少于40节，参加教研组活动不少于2次。

（2）教研组长责任制

我校从教研组建设找突破，提出把每一位教研组长培养成中层教学干部的目标，让每一个教研组成为一支高素质教学团队。指导教研组长制定好本组的培养计划、组内的推优计划，让教研计划不成摆设；学期中对教研组计划落实进行督查，为教研组各种形式教研活动提供支持和指导，让教研活动不走过场；学年末组织教研组开展成果汇报，评选优秀教研组，进行表彰和奖励，对好的教研做法进行宣传，让各教研组能够互相借鉴发展，让教研效果不泯然于众。

（3）骨干教师导师制

我校实行了骨干教师导师制，制定了骨干教师带徒弟制度，明确骨干教师和青年教师职责。一是制定规划，做到导师认真了解、分析徒弟的教学现状，掌握其强势与弱项，确定带徒的远期规划和近期目标，制定好带徒工作计划，并做好指导工作记录；二是教学相长，做到师傅平均每周听徒弟课1节以上，课后有评价、有反馈，并及时加以指导。要求徒弟虚心向师傅学习，每周听师傅课1节以上，每次听课必须做好详细记录。每两周上一节汇报课，请师傅指点和评价；三是反思改进，学期结束，师傅要写好带徒工作小结，徒弟要勤奋实践，认真做好教学心得或反思的记录，每学期撰写一篇能代表自己水平的教学论文。

3. 夯实校本研修，打造名师团队

（1）科研团队重根本

我校秉承"以科研促教研""以科研促改革""以科研促创新""以科研促发展"的理念，开展了务实有效的科研工作。"十二五"期间，我校承担了3项市级课题，7项区级课题，现均已顺利结题。通过成果申报，获得市级课题成果二等奖一项，区级科研成果一等奖两项，二等奖一项，三等奖两项。我校教师撰写各项论文了获市奖150多篇，获科研课题相关的市级、区级课例、案例、教学设计、教学课件等达40多节次。《运用"支架式"教学模式提高小学数学时效的研究》《关怀教育文化促进学校发展的实践研究》等课题，彰显了科研工作推动学校办学思想的实践作用。目前，我校"十三五"课题已立项的市级课题5项，区级课题6项，其中骨干课题3项，形成了人人参与课题研究的氛围，实现了真正的"科研兴校"，促进学校的可持续发展。

（2）教研团队重提升

我校建立了副校长为组长、科研室、教导处、教研组长组成的"校本教研指导小组"，指导小组制定切实可行的校本研修方案和计划，指导各教研组、年级组、学科教师开展校本教研工作，并收集和整理各种资料，及时总结校本教研经验和存在的问题；定期完成对教研组、年级组、课题组、教师个人的教研计划、研修内容、工作总结等材料的检查和评价。

我校教研团队采用主题式教研，每个团队围绕近期的热点、困惑展开研讨，比如：为了提升学生的语文核心素养，五年级语文教研团队利用两周的时间，结合语文教材的内容，开展了主题为"多彩课堂 扬帆起航"的语文综合实践活动。学生们编排表演了课本剧《杨氏之子》《半截蜡烛》，将人物形象丰富而灵动地表达了出来，在场的老师和学生都被学生的演技所感染；相声表演《打电话》，一逗一捧，课堂上笑声四溢，气氛热烈而融洽；《长恨歌》《诗经》等经典诵读内容的背诵，让学生们在诵读中接受了美好情感和高尚人格的熏陶；师生们还共同体验了行书的书法之趣，在实践活动中提高了语文素养，提升自主学习的能力。

（3）骨干团队重传承

我校不但注重培养田学奇、崔宁、梁志军、杨红军、郝明月等名师，更注重打造名师团队。对学校骨干教师、教学能力突出的教师实施名师成长工程，有计划送出去学习培训，开阔视野，并延展这些校内名师的辐射作用，通过示范展示、师徒结对、主持教研、经验交流等方式，带动青年教师的成长。我们在全校提出"反思"要做到"五反一记录"：反思课标落实、反思课堂生成、反思教学方法、反思亮点、反思失误、记录灵感；"听评课"要做到"五看一交流"：一看教学目标是否明确、二看教学内容处理是否得当，三看教学方法是否科学、四看教学效果是否达成、五看教师基本功是否优良、交流观点，努力做到一课深挖掘，一课多用途，让教师反思有途径、展示有平台，交流有方法、过程有提高，促进教师团队水平的整体提高。

（六）安全稳定，建设幸福校园

我校秉承"移步育人"理念，在原有以关怀文化为主线的环境文化的基础上，增加了新的《中小学生日常行为规范》《中小学生守则》"社会主义核心价值观"等内容，有效利用了灯杆、台阶、墙面、草坪等空间，突出了环境文化的教育作用。学生们在上楼梯时，可以时时看到"新规范"和"守则"的具体要求，提醒并规范自己的言行；课间休息时，一楼大厅崭新的文化设计带来了耳目一新的感觉，提示孩子们将"五项关怀"铭记于心；在中午活动时，灯杆上的优秀教师、美德少年的事迹介绍给学生们树立了榜样；而室外的图书角，以"学校""家"的英文单词设计而成的造型奇特的座椅，是孩子们的最爱，或坐下来聊天说笑，或捧一本书在手悠闲静读，都成为一种享受，一种快乐。

我校健全了安全管理制度，对安防设施进行了全面检查并及时进行了维护升级，做到监控镜头全高清，校园安防监控无死角，为学校师生人身及财产安全增添了新的保障。在保障学生上下学的安全方面，采用2+4+6安防措施，即：每天2名保安，4位老师、6名家长志愿者共同协防，保障了学生的安全，又缓解了校门口的拥堵情况。安全教育更是常抓不懈。"防灾减灾"安全教育以及安全疏散演习、"交通安全进校园 和谐平安伴我行"主题活动、"游乐设施和电梯安全知识进校园"、城管法律知识进校园活动、参加"法律护航 助力成长"的法庭开放日活动、排演法治教育情景剧《我多想……》等，让学生们在参与中增强了安全意识，学会保护自己。

我校积极创建并成为北京市健康促进学校、北京市健康生活方式示范校，引导学生"修身健体，洁身自爱"，关怀学生身心健康，注重养成健康生活方式。学校不仅注重师生的身体健康，更注重师生的心理健康。开展了"做最好的自己""沟通技巧与心理减压""教师心理压力与解压策略"等心理培训活动，引导教师接纳自己，学会缓解身心压力，轻松快乐地工作；开设了健康教育课和心理健康课，向学生传授健康知识；聘请知心姐姐朱虹来校，对学生进行心理辅导，解决学生的心理困惑。

我校卫生工作实行层级管理，成员分工明确，通力协作，共同参与，齐抓共管，做到了卫生工作有计划、有布置、有检查、有总结。利用健康教育课、红领巾广播站，向学生系统地传授《健康教育》知识；在疾控中心、体卫中心、食药分局等单位指导下，卫生防病、饮用水安全、食堂食品安全工作都按规定落实，为师生的工作学习提供了保障。

几年来，学校先后获得全国国防教育示范校、北京市首批中小学学校文化建设示范校、北京市科研先进单位、首都文明单位、北京市三八红旗单位、北京市文明礼仪示范学校、北京市基础教育课程教材改革实验先进单位、北京市全面健康生活方式行动示范单位、北京市"节约型示范学校"、北京市普法先进集体等诸多荣誉，赢得了师生、家长、社会的认可。

在今后工作中，我校将继续丰富关怀文化内涵，办有温度的教育，以学习为动力、以变化为起点、以创新为灵魂，用勤劳的汗水铸就新的辉煌，用不竭的智慧开创新的未来，把学校办成让学生成材、让家长放心、让社会满意的学校，为实现学校的继续发展做出贡献。

三、打造多元格局，建设研究型学校

学校秉承"学会关怀，学会感恩"的办学思想，提出创建研究型学校的发展目标。通过打造多元化的研究格局，构建关怀教育的文化体系，创办有温度的教育。在关怀与感恩的教育氛围下，人人都是学习者，人人都是研究者。教师用温暖的怀抱去拥抱每一位学生，传感着"和谐、阳光、健美、活力"的教育力量，培养懂得爱，也值得爱的智慧少年；学生在浓郁的关怀氛围中，通过研究和学习，提升实践创新精神，实现自主成长。"创研究型学校，办有温度的教育"，这一目标引领着学校不断发展。学校先后获得北京市科研先进单位、北京市基础教育课程教材改革实验先进单位、北京市首批学校文化建设示范校、首都文明单位等诸多荣誉，赢得了师生、家长、社会的认可。

"研究型学校"是一种新的学校发展思路，是以学校教育教学中的实际问题为基础，在学校制度、文化、课程、活动等建设方面突出研究特色，形成善于学习、崇尚研究的学校文化。好的研究、有价值的研究就是把研究常态化，融进学校管理、融进课堂教学、融进师生心中。研究要与师生的发展相一致，最终达到共赢。我校努力打造多元化研究格局，即从学校文化、课堂结构、实践活动等方面探索建设研究型学校的路径，在研究的过程中促进教师的专业发展，促进学生的长足进步，促进学校的整体飞跃。

（一）营造研究型学校文化

浓郁的研究氛围对于教师的发展至关重要。我校为了培养教师研究的意识，让教师在教育教学中养成学习+反思的习惯，从学校文化着手，建立可持续发展的长效机制，促进教师从学习型向研究型转变。

1. 创建研究型学校理念文化

我校秉承关怀教育的办学思想，树立"爱校爱生、善教善思、求实求新"的教学风格，引导教师在工作中勤于反思，善于研究。用"全校一盘棋""办有温度的教育"这样的理念引领全校师生参与到研究型学校的建设中来，倡导科学理性的工作态度，严谨务实的工作作风。让研究成为学校的工作方式，成为教师的行动方式，成为学生的学习方式。实现学生、教师和学校的整体发展，真正做到"携手传承关怀文化，同心共建幸福校园"。

2. 创建研究型学校制度文化

我校以教师发展为本，构建研究型学校的制度保障体系，发挥制度的激励和导向作用，在学校营造"人人善研究"的良好研究氛围。例如：编制完成《向阳小学标准化管理手册》，提升学校管理精细程度。改革教师评价方式，一改统一标准为分类标准，二改单一评价为多元评价，三将总结性评价与发展性评价相结合，在学生、家长的参与中，通过自我反思、风采展示、多元激励等方式对教师进行发展性评价。我校还设有规范的听评课制度，对学校干部教师听课数量具有明确要求，同对所有听课教师要求做到"五看一交流"：一看教学目标是否明确、二看教学内容处理是否得当，三看教学方法是否科学、四看教学效果是否达成、五看教师基本功是否优良、交流观点。同时对授课教师提出"五反一记录"：反思课标落实、反思课堂生成、反思教学方法、反思亮点、反思失误、记录灵感。努力做到一课深挖掘，一课多用途，让反思教师反思有途径、展示有平台；让观课教师交流有方法、过程有提高。好的制度为教师营造出和谐的研究环境，也为教师静下心来潜心研究提供了条件。

3. 创建研究型学校组织文化

学校积极组建形式多样的学习团队,并建立常态化的学习培训机制。我校组建了同年级组同学科的横向校本研修团队、跨年级同学科的纵向校本研修团队、跨年级跨学科的纵横交错的研修团队。教师们通过示范展示、师徒结对、主持教研、经验交流等方式,营造自主研究的氛围,也促进了教师们综合能力的提升。

(二)打造研究型学习课堂

在研究型课程体系的框架下,如何将"研究"的理念渗透其中?打造研究型学习课堂,培养学生终身发展的能力是关键。从学校层面来说,研制高效课堂标准、文化环境、教学方式、师生关系和评价工具,形成体现学科思想方法和创新思维的学科高效课堂教学模式。结合教学实际,研究明确各学科核心素养框架,并细化到具体教学各环节;开展全学科学业水平质量分析,促进全学科教学质量提升。除此之外,还有两点特别关键:

1. 从课上到课下,激发教师研究力

"人磨课,课练人",教师在磨课中历练。充分发挥教研团队的研究力量,借助微课题研修计划,进行主题式研修活动。例如数学研修团队推进了数学"四大领域"研究计划,通过各教研组聚焦不同的领域,进行深入的研究,串起整个大学科教研组。年级教研组通过单元横向整体设计和各年级纵向知识联系的形式展开研讨,借此实现教研组对知识整体构建,并达到每月弄清一个大知识点的团队研究目标。

课堂上要求教师精致教学,做到"五个一",即:每一句话力求字字珠玑,每一个提问力求富有启发,每一种设计力求精心巧妙,每一道习题力求典型规范,每一步环节力求严谨合理。倡导教师关注教学内容与现实社会生活建立联系,找到学科知识与现实生活和学生经验的结合点,注重利用课程资源,创设情境,激发兴趣,充分调动学生学习的主动性和积极性,培养学生跨学科

知识应用等高阶能力。

教师的成长，离不开反思，教师要想进步就要懂得梳理和交流，这样才能够有效帮助自我提升。我们提出了"行远自迩"学习计划，学校为每个教研组都配备了专业杂志与书籍，通过每天阅读这些教育教学杂志书籍，获得给养，并通过课后反思、单元反思、学期反思等有效方式，保障研修既有理论依据，又有实践抓手。再结合自己的工作梳理交流学习感悟，进一步提升专业素养。

2. 从课内到课外，激发学生研究力

课内，教师关注的重点从"是否学会了"转变到"是否会学了"，课堂发生了质的飞跃。教师在教学中做到"五个让"：能让学生观察的要让学生观察，能让学生思考的要让学生思考，能让学生表述的要让学生表述，能让学生自己动手的要让学生自己动手，能让学生推导的结论要让学生自己推导。引导学生开展探究性学习活动，通过设计课前预习单、设计课后思考题、小组讨论、撰写研究报告、绘制思维导图等方式，充分参与学习的过程，构建自主、合作、探究的新型学习方式，充分调动学生内在学习动机，激发学生探索未知的好奇心，培养浓厚的学习兴趣。更重要的是，学生开始具备研究的思维，并把这种思维延伸到了课外。

例如：做家务的时候，会思考怎样才能省时省力；泡大蒜的时候，会探究是剥了皮长得快还是不剥皮长得快；外出旅行的时候，会主动设计旅游路线……学生的研究意识越来越强，好奇与质疑、自信与坚持、专注与创新的学习品质逐渐养成，成为快乐的学习者、探索者和创造者。

（三）开展研究型实践活动

学生活动是学校教育的重要组成部分，具有重要的育人价值。开展研究型活动就是要让学生在实践中去探索、体验、分享和收获。

1. 社会大课堂活动是学生走出校园，了解社会的好机会，也是开展研究型活动的好时机。我们有效利用社会大课堂的活动平台，指导学生前期参与方案设计、中期开展合作探究、后期进行成果汇报。学生在活动中沟通能力、组织能力、协作能力都得到了锻炼。

2. 在众多的实践活动中，农事劳动是学生比较欠缺的体验。我们结合市规划办课题，带着学生一起进行研究实践。我们在校内搭建了一个多肉大棚，由王瀛老师带领学生一起种植多肉植物。在种植和养护的过程中，王老师还带着学生一起总结出了不同多肉植物的生长需求。学生不仅体验到了劳动的快乐，还体会到了探究的乐趣。

我们还在校外开辟了两块农事基地，为学生提供农事劳作的平台。春天在基地老师的指导下，学生真正参与到播种中去；夏秋时节，学生再去收获。回来之后再并把劳作的果实进行分享。通过农事体验，学生体会到农事劳作的价值，也懂得了粮食的来之不易。"节约粮食""尊重别人的劳动成果"不再是一句口号，而是内化成行为了。

3. 社团活动的开展不仅要体现研究特色，也要尊重学生的兴趣爱好。根据前期调研，我们把五大课程体系进行细化，比较典型的有锻炼动手能力的手鞠球、刻纸，锻炼思维的超脑麦斯、数独、提高表达力的主持人、戏剧社，还有撬动心灵的"知心姐姐"心理辅导。这些多彩的活动提升了学生的研究兴趣，也培养了学生的实践能力。

学校以"科研为先导，科研为引领"，逐渐形成扎实有序的科研管理体制。我校以教育科研为龙头，以创办关怀教育特色校园文化为宗旨，以"办人民满意学校"，实现学生、教师和学校的整体发展为目标，带领全体教师寻找贴近教学实际的课题，展开真实有效的研究，努力打造一支高素质、高水平、高技能的科研型教师队伍，对促进学校整体水平，以及可持续发展起到积极的推进作用。

"十四五"期间，我校将努力寻找新的生长点、研究点。确立：全面构建学校现代化教育制度体系，力争教育总体实力和影响力大幅提升，为学生提供开放而多样化、可选择的优质教育资源，实现学校更高水平、更有质量的教育发展目标。一是在传承的基础上不断创新，进一步丰富学校文化内涵，拓宽文化理念的实践途径，凸显文化的教育力量，为文化的深化落实开辟新视角，注入持久动力。二是努力实现教师队伍建设的新突破，采用任务驱动、项目带动式的培养策略，青年教师"一人一亮点"，争先锋；中年教师"一人带一队"，争和谐；老教师"一人建一室"，创品牌，"老中青"教师共同实现自我超越。三是进一步完善课程体系建设，实现德育课程与学科课程的整合，进一步完善家长学校课程体系，做到品牌项目课程化，进一步打造品牌课程，夯实课程实施。四是启动并落实"与市区学校手拉手""合育联盟机制"两个重大项目，形成集体合力，达到整体发力，促进学校发展。五是成立一个"学生发展研究中心"，通过毕业生质量追踪以及学生职业生涯规划的制定，引领学生树立终身发展目标，培养学生可持续发展的能力。

习近平总书记强调，"教师不能只做传授书本知识的教书匠，而要成为塑造学生品格、品行、品味的'大先生'。"循着这个方向，"十四五"期间，我校将固本强基抓教风，精耕细作，力求科学性、针对性、实效性更强；弘扬关怀文化，多元赋能，以教风带学风，以正风优校风，用研究的思维铺就优质均衡的教育之路。

四、加强规划引领，形成愿景共识

为科学谋划、统筹推进"十四五"时期学校教育教学事业发展，进一步加快教育改革步伐、提高教育现代化水平、增强教育服务能力，按照习近平新时代中国特色社会主义思想、党的十九大和十九届二中、三中、四中、五中、六中全会精神，依据《中国教育现代化2035》《首都教育现代化2035》《"十四五"时期燕山地区教育事业发展规划》以及北京市教育领域综合改革的系列文件精神，制定《"十四五"时期北京市燕山向阳小学教育事业发展规划》。

（一）"十三五"时期主要成绩

"十三五"期间，学校以《"十三五"时期燕山地区教育事业发展规划》

为指导，全面落实《"十三五"时期燕山向阳小学教育事业发展规划》，学校工作稳步发展，教育水平、教师能力显著增强，学生素养逐步提升。

1. 强化党建示范，引领发展

党支部坚持以习近平新时代中国特色社会主义思想和党的十九大精神为指导，坚定贯彻新时代党的建设总要求和党的组织路线，落实全面从严治党要求，为促进学校发展提供精神动力和组织保障。

党支部不断深化"关怀党建"品牌建设，稳步推进党组织领导的校长负责制的落实，实施"三四三"工作法，即：以党支部委员联系年级组、党员教师联系教研组、党员中层干部联系青年教师的"三联系"强基础，发挥党员先锋作用；以关怀党员、关怀教师、关怀学生、关怀家长的"四关怀"壮筋骨，夯实了党支部战斗堡垒；用党建课堂提升凝聚力、用课程思政提升学习力、用教研团队提升教学力的"三举措"提质量，助推师生点亮梦想，促进了党建与教育教学的深度融合。

党支部全力倡导"责任为先，以爱育爱"，通过规范的组织生活、主题党日、党课活动，凝聚团队意识、强化党员党性修养，促进党员争做"带头人"。通过党员示范岗、党员责任区、党员公开承诺、党员献课等活动，促进党员在学校各项工作中发挥先锋模范作用，使每一位党员都能成为一面旗帜。

2. 实践文化育人，科学发展

"十三五"期间，学校继续践行关怀教育办学思想，立足"办有温度的教育"，不断创新关怀文化体系构建，不断突出"有温度"的关怀文化特色，教师们用体感温度，去拥抱每位学生，传感"和谐、阳光、健美、活力"的教育力量，实现"培养懂得爱也值得爱的健康、智慧的学生"的育人目标。

学校修订了章程，梳理了各项工作制度，编制完成了《向阳小学标准化管理手册》，进一步明确了每个人的工作岗位、工作职责、工作要求；设计制作了区域责任卡、设备责任卡，做到了责任到人，提升了管理精细程度；积极改革教师评价方式，一改统一标准为分类标准，二改单一评价为多元评价，三将总结性评价与发展性评价相结合，在学生、家长的参与中，通过自我反思、风采展示、多元激励等方式对教师进行发展性评价，增强了实效性，突出了合理性，体现了公平性。

3. 锤炼教师队伍，激励发展

"十三五"期间，学校行政干部做到了"五讲"，即："讲上进、讲责任、讲奉献、讲团结、讲创新"；突出了团队精神、实干精神、奉献精神、创新精神，逐步成为精通业务、敢于创新、善于管理的行政干部；完善了《向阳小学行政干部考核评价表》，增加了"行政干部值班巡查"，坚持每周中心组集中学习，进一步强化了干部全心全意为师生、家长服务的意识。

学校关注教师需求与发展，通过分层定标，采用梯队式培训模式，对教师实行全面要求、全过程关注、全方位培养，重点指导，持续跟踪推进，使每一位教师在团队中打好教育教学的底色，突出教育教学的特色，促进专业成长。

（1）引导年轻教师强基固本

学校指定有经验的教师做年轻教师的"师傅"，通过师徒结对的方式，指导他们制定好个人的三年发展规划，提高师德素养和专业素养，更好地完成教育教学工作。做到"一、二、三"：即一个规划（三年个人发展规划）；两项训练（基本功训练、口语交际训练）；三个制度（读书交流、写工作日志、读书计划）。在既定目标确立下，在学校有效监督，定时检查下，由"师傅"和教学干部对年轻教师实地跟踪，持续指导，帮扶其反思提升，扎实有效地按节点完成每项训练内容，逐步实现由青涩到成熟的过渡，并在合作互助中努力实现"一年成形，两年成效，三年成事"的目标。

学校根据年轻教师的特点，成立了"青年联盟"，每周共同学习交流。在青年联盟团队中，每位教师写工作日志，记录自己的所作所为、所思所想；写教育日记，转变教育思想，学习管理方法；以过"写字关"为点，聘请专家指导习字，带动年轻教师进行日常写字练习，通过每日一练、每周一展、每月一评等方式，结合书法考级，带动年轻教师规范书写；充分利用身边的教师资源，发挥教师特长，带动英语教师团队每天读英文文章、每周写一篇英文习作，提升英语教师专业素养；通过"青年班主任沙龙"、邀约心理专家、地区教育专家、"紫禁杯"优秀班主任加入互动，从沟通技巧、礼仪规范等方面带领年轻教师过语言关，全面引导年轻教师固"育人之本"，强"基本素养"。年轻教师在团队中不断成长，10余位年轻教师成为区、校级学科骨干。

（2）激励成熟教师厚积薄发

成立"导师团"，让成熟教师发挥余热，传承经验，挖掘自身潜能，梳理自己的学科教学经验，进行教育教学微讲座，让他们感受到自己的价值体现；评选校级骨干班主任、校级骨干教师，让更多的教师享受到被认可的幸福；组建了"杨红军班主任工作室"，充分发挥其在班主任工作方面的示范作用，带动青年班主任不断成长。成熟教师在被需要、被认可中克服了职业倦怠，不用扬鞭自奋蹄。

（3）支持骨干教师科研先导

学校把对骨干教师培养的重点放在了对专业发展的关注、对专业精神的培育、对专业精神的提升上。通过团队协作，专家指引，重新审视自己的发展规划，激发骨干教师高瞻远瞩的专家意识。学校要求骨干老师都要申请课题，并主持课题研究。每位骨干教师至少要主持一个课题。"十三五"期间的13个市、区级课题中，85%都是由骨干教师主持的。每位骨干都参与到了课题研究中，参与度达到100%。骨干教师在学习组织中，形成研究共同体，与教师结成成长互助组，发挥骨干引导作用，使教师在互动和对话中分享经验，互助学习，提高群体教育教学能力。崔宁、田学奇、郝明月等教师成为燕山地区、北京市的"名师"，逐步向全国名师行列迈进。

4. 坚持立德树人，终身发展

学校秉承"人人都是德育者"的德育工作理念，以"育人为本，育人为先，教育先于教学"为原则，以社会主义核心价值观、《中小学生守则》和新修订的《北京市中小学生日常行为规范》为指导，以促进学生全面发展为出发点，以养成教育和特色活动教育为主线，全面打造"礼仪教育体系"，逐步提升学生综合素养。

以全员育德为宗旨，推动德育工作全面开展。学校形成了"校、处、班"三级管理网络，完善了德育管理体系；开辟了三条德育渠道，形成立体化的德育网络。一是以教师为主体的德育渠道，由校级领导小组、年级指导小组、班级工作小组构成；二是以学生小干部为主体的德育渠道，由校级的大队委员会、各年级的小干部，以及班委会构成；三是由学校、家庭、社会三结合而成的教育渠道。从学校到班级，逐层下达，逐级布置，逐个落实，逐一评价。坚持班主任工作月例会制，注重日常培训和指导；发挥"班主任工作室"职能，助力"师徒"共同成长；重视家庭、社会与学校的"三结合"教育，努力办好家长学校，定期召开家长委员工作会，共同商讨教育问题；重视社会层面资源的开发和利用，重视学生在社会大课堂中的学习和成长。通过整合多方资源，形成教育合力，全面落实育人目标，推动了德育工作有效开展。

以育德活动为抓手，激发德育工作创新发展。在打造"礼仪教育体系"过程中，不断加强以学生为主体的工作要求，抓活动促养成，抓特色促常规，抓亮点促全面，抓大不放小，引领德育工作创新发展。

以落实规范为契机，促进德育工作深化前行。以培养学生良好行为习惯为工作重心，将学校教育与自我教育相结合，以《北京市中小学生日常行为规范》推进为契机，利用开学典礼、周一升旗、班队会以及校园广播、校园铃声等时机，开展《新规范》教育活动，为学生全面了解《新规范》的修订精神及内容做好宣传普及工作；设计班级公约、成立了"我是责任者"小小宣讲团、利用定向猎狐实践基地等，深入学习新规范，有计划、有阶段、有层次、有重点、有评价地落实德育工作，实现了学生日常行为教育常态化、规范化和科学化。

5. 构建课程体系，多维发展

学校不断拓宽关怀教育内涵，开创关怀教育课程，有效地把关怀教育理论与课程结合，让理念落地，提升教学质量，促进学生成才。学校尝试打破原有分科课程间的壁垒，努力构建关怀教育课程体系。目前已构建关怀文化、关怀思维、关怀体能、关怀艺术、关怀社会五大课程体系，对应形成了"明德、启智、健体、修身、崇善"五个维度的课程体系，形成了低年级普及与提高相结合，发展学生特长；中高年级传统与特色相结合，发展学校品牌特色。

（1）明德类课程建设，让阅读成为习惯

学校将其落实在让孩子乐读上，利用活动厅，开辟了阅读空间；购置了书架，让"百本图书进教室"；购置了朗读亭，感受朗读的乐趣；印制了各年级阅读记录册；打造了阳光阅读平台……努力打造了阅读品牌课程，形成了"读书得间，一课多得"的阅读课堂，让学生用自己喜欢的形式去自由表达、续写改写、评价推荐、相互交流。阅读已逐渐成为学生们的一种习惯。

（2）启智类课程建设，让思考不再枯燥

学校多方考察，引进台湾超脑麦斯课，利用教具优势，通过数学课开展探索，让学生结合课堂知识、进行大量的创意实践，孩子们在课上通过动手操作，拓展思维，提高能力，让课堂成为有温度的教育主阵地。

（3）健体类课程建设，让体育成为名片

学校开设了篮球、跳绳、踢毽、跆拳道、武术和轮滑等特色课程。利用体育教师的专业特长，创编了《功夫少年武术操》，开发了武术课程，由体育老师带领一群武术"小高手"学习中华武术，在燕山地区传统文化展演、在区运会入场式上都进行了精彩表演。采用普及与提高相结合的方式，开展了梯队式轮滑训练。随着冬奥会的临近，轮滑队员还到滑冰场尝试进行了"轮改冰"，参加了北京市第一届冬季运动会、北京市第三届中小学生冬季运动会等，体验了冰上运动的乐趣。轮滑（滑冰）成为学校的品牌课程。

（4）修身类课程建设、让气质得到提高

学校结合课外活动时间，开设了丰富多彩的艺术类自选课程，主要包含：

风筝、儿童画、彩泥、纸工、软陶、简笔画、线描、篆刻、管乐、合唱、朗诵等课程，为学生提供了发现自我，悦纳自我的舞台，学生们多次在比赛中获奖，在活动中展示，得到了好评。

（5）崇善类课程建设，让品行得到端正

学校以"社会主义核心价值观"为引领，注重善行，完善人格，以培养学生崇尚科学、热爱劳动、关爱社会的良好行为习惯为重心，充分开发和利用社会资源，与联盟单位共同开发了多个家校合育课程、整理课程、劳动实践课程、心理健康教育课程，让学生在体验中不断提高综合素养。

6. 夯实校本研修，内涵发展

学校重视科研引领与校本研修，开展了务实有效的科研工作。我校现有北京市规划办课题2项、北京市教育学会课题5项、区级课题6项。《基于家、校、社区共育背景下的培养小学生劳动素养的策略研究》《小学武术校本课程开发与实践研究》等课题的研究，彰显了科研工作推动学校办学思想的实践、促进学生素养提升的作用，促进学校的可持续发展。

学校建立了同年级组同学科的横向校本研修团队、跨年级同学科的纵向校本研修团队、跨年级跨学科的纵横交错的研修团队，教师们通过示范展示、师徒结对、主持教研、经验交流等方式，既提升了对本年级教学内容的把握能力，又了解了所教学科小学阶段的目标任务，更感受到了不同学科间的知识融合，促进了综合能力提升。

学校借助科研力量，由骨干教师牵头，与对口中学联手，通过学生升入初中后的质量追踪与反馈分析，寻找教学环节中的薄弱点，及时调控与改进，提升学生可持续发展能力。教师们在学习研究中，形成研究共同体，在互动和对话中分享经验，互助学习，提高教育教学能力。

（二）"十四五"时期发展环境及面临的形势与挑战

1. 党的十九大对学校教育提出新要求

党的十九大报告中明确指出，"努力让每个孩子都能享有公平而有质量的教育"，"有质量"三字，醒目突出，重如千钧，清晰指明了未来教育发展的一大着力点。学校教育要从"广覆盖"向"有质量"迈进，通过"有质量的教育"进一步提高学生素质，推动社会和国家实现更高层次的发展，助力实现"两个一百年"奋斗目标。

2. 学校治理能力、办学活力有待进一步增强

依据《关于进一步激发中小学办学活力的若干意见》中指出的"充分激发广大校长教师教书育人的积极性创造性，形成师生才智充分涌流、学校活力竞相迸发的良好局面，推动基础教育公平发展和质量提升，加快现代学校制度建设，为推进教育现代化、建设教育强国奠定坚实基础"，学校的办学内容生动力还需要增强，教职工的积极性创造性需要进一步激发，原有的各项管理制度还需进一步细化和革新，以切实起到激励和约束作用；各部门之间的协调与配合需要进一步强化，形成有效落实各项规章制度的管理制度和运行机制。

3. 学校教育教学工作适应社会发展的能力有待提高

全国和全市教育大会为新时代教育事业勾画了新蓝图，北京城市战略新定位和地区经济社会发展对新时代教育事业提出了新要求，而随着燕山地区城市发展进程的不断提速，地区居民的文化教育水平不断提高，更多的人民群众对地区教育有了更新更高的要求和期盼。与人民群众对教育的更高期盼相比，学校教育工作还存在一些不足；"双减"工作的推进落实、学科教学改革等整体把握与研究路径还不够深入与清晰，教科研工作与预期目标还存在一定距离，还没有真正跳出原有的层次和框架；学校教育教学管理团队自主策划意识和策划能力还有待加强；家庭、学校互动还有待于进一步开发和整合。

4. 学校软硬件的建设还需进一步改善

目前，学校教师缺编问题得到了解决，但新入职的青年教师多，绝大多数是非教育专业，教师发展现状与现代教育发展、家长追求优质教育的期望尚有差距，优质师资在学科分布上不够均衡；校园面积有限，随着二胎、三胎的放开，学生人数呈增长态势，学生活动区域有限，专业教室数量不足，在一定程度上制约了学校部分工作的建设与发展。

5. 学校安全问题涉及面广需要防患于未然

学校师生人数较多，校门口的交通安全、疫情防控的安全、师生在校内学习、就餐、活动的安全以及网络安全等，都需要进一步增加安全管理人员，强化安全管理措施与责任。

（三）"十四五"时期发展思路

1. 指导思想

以习近平新时代中国特色社会主义思想为指导，全面贯彻党的十九大和二十大精神，努力办好人民满意的教育，全面贯彻党的教育方针，坚持为党育人，为国育才，围绕"立德树人""加快建设高质量教育体系，发展素质教育，促进教育公平"这一主线，扎实落实《北京市关于进一步减轻义务教育阶段学生作业负担和校外培训负担的措施》，聚焦教育发展的战略性问题、紧迫性问题和社会家长关心的问题，统筹学校教育资源和行动计划，着力深化教育教学改革、激发校园活力，着力补齐学校教育短板、优化学校内部结构，更好地发挥教育服务的作用，以实现学校教育现代化的高质量发展，切实办好让人民满意的优质学校。

2. 主要原则

坚持文化引领、内涵发展的原则。在关怀思想的引领下，继续探索"办有温度的教育"的文化资源与途径，结合学校发展现状和发展目标，正确处理传承与创新之间的关系，培育具备学校特色的学校文化，提升学校文化软实力，坚持走内涵发展之路。

坚持立足当下、着眼长远的原则。立足当下，坚持文化管理、完善学校规划方案、提升师资水平和教育质量、推进教育改革等工作；着眼长远，各项工作有序推进，培养具有国家认同、国际理解、思考精神、行动能力的创新人才或创造性劳动者。通过当下与长远相结合，推动学校教育迈上新台阶。

坚持聚焦重点、带动全局的原则。坚持立德树人、教育改革、"双减"工作重点，带动学校教育教学高质量发展。

坚持问题导向、改革创新的原则。坚持以教师队伍建设、五育并举、薄弱学科发展等问题导向，不断探索，不断实现改革创新，促进学校全面发展。

坚持全员参与、分类推进的原则。坚持以学生的年龄特点、以低中高学段分区进行规划，以不同学科发展分类推进，实现全员参与，纵向、横向、纵向+横向的多线发展。

坚持遵循规律、学生为中心的原则。在规划制定与实施过程中，始终坚持"培养懂得爱，值得爱的人"的核心理念，遵循学生身心成长规律和教育教学规律，深入推动差异化教育，让学生在积极的快乐中获得最好的成长。

3. 发展目标

十四五期间，学校将努力寻找新的生长点。确立总体目标是：全面构建学校现代化教育制度体系，力争教育总体实力和影响力大幅提升，为学生提供开放而多样化、可选择的优质教育资源，实现学校更高水平、更有质量的教育发展目标。

一是在传承的基础上不断深耕与创新，进一步提升学校文化内涵，拓宽文化理念的实践途径，凸显文化的教育力量，为文化的深入落实开辟新视角，注入持久动力。

二是努力实现教师队伍建设的新突破，采用任务驱动、项目带动式的培养策略，青年教师"一人一亮点"，争先锋；中年教师"一人带一队"，争和谐；老教师"一人建一室"，创品牌，"老中青"教师共同实现自我超越。

三是进一步完善课程体系建设，实现德育课程与学科课程的整合，进一步完善家长学校课程体系，做到品牌项目课程化，进一步打造品牌课程，夯实课程实施。

四是本着以人为本和从实际出发的原则，不断探索、创新落实"双减"工作政策，以"三维一体"的整体架构为着力点，切实实现一"减"一"增"，即：切实将学生负担"减"下来，切实将教学质量和课后服务质量提上去。

五是启动并落实"与市区学校手拉手""合育联盟机制"两个重大项目，形成集体合力，达到整体发力，促进学校发展。

六是成立一个"学生发展研究中心"，通过毕业生质量追踪以及学生职业生涯规划的制定，引领学生树立终身发展目标，培养学生可持续发展的能力。

（四）"十四五"时期发展重点任务

1. 党建工作重在质效与引领

（1）着眼从严治党，加强思想政治建设

持续深入学习贯彻习近平新时代中国特色社会主义思想、习近平总书记"七一"重要讲话、党的十九大和二十大精神，健全全面从严治党体系，全面推进党的自我净化、自我完善、自我革新、自我提高，使我们党坚守初心使命，始终成为中国特色社会主义事业的坚强领导核心，切实做到以高质量党建引领高质量教育发展，不断推进党史学习教育，坚持做好党内教育培训，加强党性锻炼。全面贯彻党的教育方针，推动习近平新时代中国特色社会主义思想进教材、进课堂、进头脑。

（2）着眼队伍培养，加强两支队伍建设

持续推进党组织领导下校长负责制试点工作，坚持科研引领，继续探索、完善中层干部选拔任用考核机制，提升干部教育治理能力，以"忠诚、干净、担当"为好干部标准，打造一支思想上"合心"，工作上"合力"，行动上

"合拍"的干部队伍。将党建品牌建设和学校教育教学工作有效融合，引领学校内涵式发展。严格落实从严治党主体责任，做实思想政治工作，师德师风教育常抓不懈；按照把党员培养成骨干、把骨干培养成党员的"双培养"机制和"抓两头、带中间"的工作思路，带动队伍整体水平提升；建设一支思想过关、业务精良、师德高尚的教师队伍。

（3）着眼党建引领，增强凝聚力和战斗力

全面落实从严治党要求，强化党支部组织建设，严格组织生活，坚持政治引领聚合力的工作理念，立足党的教育事业发展全局，从立德树人根本任务出发，突出政治功能、教育功能、服务功能，着力发挥学校党支部坚强战斗堡垒作用和党员先锋模范作用，引导教师树立良好的职业形象，坚定为党育人、为国育才的理想信念。积极探索党建引领教育发展的新方法、新途径，逐步形成学校党建经验。

2. 文化建设实现创新与升华

在坚守与积淀学校关怀文化的基础上，聘请专家团队走进学校，对学校关怀文化进行发掘与开拓，结合"全校一盘棋""办有温度的教育"等理念，从"生命价值，生存能力；人际关系，交往能力；热爱学习，学习能力；保护环境，友善能力；公德意识，勇敢担当"几方面进行系统梳理，进一步完善文化理念顶层设计，形成层次清晰、逻辑严谨、符合教育规律、引导学校发展方向的文化理念系统；完成与理念系统一致的文化建设，实现学校文化的内化与张扬，让学校文化成为内涵发展的动力源，成为全体师生思想境界的磁力场，实现学校文化的创新与升华，从而达到文化育人的教育境界。

3. 学校管理强化法治与规范

围绕《关于进一步激发中小学办学活力的若干意见》《学校章程》和《教师绩效工资实施方案》等基础性、纲领性文件，进一步完善制度建设，强化以党领导的校长负责制为主体，校务委员会、教职工代表大会和家长委员会民主参与的学校内部治理结构,强化"依法治校、循章施教"工作;要求各部门"想在前头",多做"未雨绸缪"的预案;"想在关键",多做教师急需的切实细致的指导;"想在深处",多做有创意的建设性小结;"想在整体",将部门工作纳入学校的系统化发展中去思考,全面提升学校的治理能力。

4. 队伍建设助力"双专"提升

"十四五"期间,我校将采用任务驱动、项目带动、监督评价等培养策略,为教师的发展提供机会和资源,助力教师专业技能不断提高、专业知识不断更新的"双专"提升,适应时代新要求。力争培养市级学科带头人、骨干教师、名师4名以上,培养区级学科带头人、骨干教师、骨干班主任8名以上。

(1)青年教师"一人一亮点",争先锋

组织青年教师制定个人成长新规划,根据青年教师的自身优势、特长,为每人确定一个突破的"亮点",如:课件制作、朗诵、校园剧、武术操……让每位青年教师都有自己的奋斗目标。在此基础上,以聚焦课堂教学、打造高效课堂为切入口;以引领教师专业化发展,发扬团队捆绑精神形成合力为突破口;以管理精细化,抓好常规抓严细节抓实过程为抓手,强化青年教师的责任担当,引领青年教师比学习、比能力、比贡献,争当先锋。

(2)中年教师"一人带一队",争和谐

学校将根据中年教师教学经验丰富、精力充沛的个人特点,让中年教师每人带一个团队,如:年级组团队、学科教研组团队、志愿服务团队等,让他们成为"团队进步新舵手",能学、能辨、能想、能创、能干,全面提升自身素质。

(3)老教师"一人建一室",创品牌

在现有"导师团"基础上,组建老教师"工作室",如:班主任工作室、学科教学研究工作室,为老教师搭建专业展示新平台,让他们在被认可中实现自身价值,继续寻找专业上新的生长点。

在监督评价中，坚持"三抓、三常"，即抓日常（听评课）、抓常规（备课、教案、作业），抓经常（每月一查），努力做到"三无"，即：无漏点、无死角、无空档。优化教师激励机制，加强教师绩效管理，给想干事的人以机会，给能干事的人以舞台；实施发展性教师评价，帮助教师优化和改进个人发展路径；不断完善绩效工资方案，实现教师从"身份"管理转向"岗位"管理，激发教学活力，引领教师不断调整工作方向，找到前进的力量。

5. 立德树人重在培育和践行

在党组织领导下，以学生为主体的意识，抓住养成教育和队伍建设两条主线，通过变灌输为渗透、变单方面为全方位、变被动接受为主动吸收，促进学生行为习惯养成，切实落实社会主义核心价值观，全面提高学生思想道德素质，实现德育增效。

（1）依托工作室，抓实队伍建设

继续实施工作室"移步工作法"模式，实现"全校一盘棋"思想引领。以"走动中的班主任工作模式"为宗旨，以"班主任工作室"为龙头，以"师带徒""导师团"为抓手，通过走进"骨干班主任""优秀班主任""紫禁杯班主任""特色班主任"，在经验分享、魅力展示、班级文化现场交流等主题活动中，在"组与组""团队与团队""师与徒"之间搭建实践、交流的平台，助力教师反思成长，实现团队携手共进，促进班主任队伍素养整体提升。

持续开展工作室"层级推进"建设，打造"全校一盘棋"梯队培养。通过"培训引领、帮扶指导、展示交流、螺旋上升"四级推进方式，逐一打造，助力个人专业成长。"十四五"阶段，校本培训重点由"队会展示"转向"带班育人方略"，在展示学习成果的过程中，班主任互促互进，获得成长。

进一步落实工作室"师带徒"培训方案，推动"全校一盘棋"整体发展。依据《向阳小学班主任"师带徒"培训方案》，在打造班主任基本功的基础上，进一步开展"家庭指导师"项目培训，全面落实班主任全员培训计划。

细化工作室"1+4评价"机制，做实"全校一盘棋"精细管理。采用

"1+4"评价机制，将"一个量化表"和"四方评价（学校、科任教师、学生、家长）"相结合，多渠道、多角度、全方位评价班主任工作，在客观、公正、公平、有实效的考核中，激励班主任老师开拓进取。

（2）依托专项团队，提升综合素养

少先大队团队，重点加强基础建设。加强校内外辅导员队伍建设。强化辅导员责任意识，不断提升辅导员的管理水平和育人能力；加强少先队小干部队伍建设。开展大、中、小队委的培训工作，培养队员管理少先队、热爱少先队的主人翁意识；建设一个基础扎实的少先队活动阵地，及时更换内容，营造优雅、活泼、趣味与知识并存的文化氛围；建立健全中队建设，切实开展好每周一次的班队会活动；抓好阳光少年广播站的建设，有效利用好中午10分钟的广播时间，增设一些少先队员喜爱的栏目；坚持不懈做好环境卫生"手势礼"志愿者培训、文明礼仪教育等各项常规工作。

"合育中心"团队，重点培养"劳动素养"。持续开展劳动技能展示、劳动知识讲座、劳动教育系列班会、学农劳动实践，以及"劳动小达人"示范评选等活动，培养学生的劳动意识；与道德与法治、劳技、科学、美术、语文、数学、信息、体育等多个学科结合，完成劳动实验报告，拓宽劳动内容，强化劳动行为；建立学生劳动评价制度，评价内容包括参加劳动次数、劳动态度、实际操作、劳动成果等多个方面，具体劳动情况和相关事实材料记入学生综合素质成长档案。

学生素质评价团队，重点推进"综合评价"。以"促进学生的发展"为综合素质评价终极目标，从不同的层面与侧面来看待学生，善于发现学生在不同领域存在的优点与长处；通过评价及时发现学生学习中的困难，及时改进教学环节；全面掌握学生学习的整体过程，帮助学生发现自身存在的优缺点；让学生形成良好的学习态度，积极的人生观与价值观；帮助学生认识自我、树立自信，养成良好的行为习惯。

(3)落实"联盟"机制,实现合力育人

加大学校家委会、年级家委会、班级家委会的工作职能,开通"家庭教育直播间",拓展家庭教育培训渠道,提升家庭育儿能力。启动并落实"与市区学校手拉手""合育联盟机制"两个重大项目,向市区先进学校学习,积极整合校内外资源,发挥街道、社区、家长、关工委、少年宫、校友等教育作用,整合丰富、开放、优质、多样、可持续发展的教育资源,形成集体合力,达到整体发力,促进学生素养提升和全面发展。

(4)创建文明校园,强化文明素养

对照《全国文明城区测评体系》指标要求,全面推动文明校园创建工作,促进校园文明程度全面提升。把校园文化和校园基础设施建设有机结合,进一步营造文明和谐校园文化氛围;全面落实立德树人根本任务,以培育和践行社会主义核心价值观为主线,广泛开展"扣好人生第一粒扣子"和"童心向党"等主题教育实践活动,以节庆、纪念日活动等为载体,加强爱党、爱国的理想信念教育,强化国家意识、文化认同、民族精神,教育引导全体师生弘扬优秀传统文化和时代精神;坚持五育并举原则,抓好学生养成教育,提升学生文明素养。以《小学生守则》《小学生日常行为规范》等规则为抓手,对学生的学习、行为、礼仪、卫生、劳动、锻炼等方面提出具体行为指南和要求,促进学生养成良好习惯。开展"美德少年"评选活动,提升学生文明素养。

6. 教学工作追求朴素与高效

(1)加强课程建设

提升课程领导力。完善课程体系建设,在现有"明德、启智、健体、修身、崇善"五个维度课程体系基础上,探索开发并实现德育课程与学科课程的整合,依据德育目标,规范梳理轮滑、少年军校、合育中心劳动课程、整理课程等品牌课程,以及道德与法治课程、心理健康课程、德育主题教育活动、综合实践课程,努力探索学科课程答疑、辅导、培优课程,继续探索长短课和走

班相结合的校本课程，不断充实课程内容，形成高品质课程体系，做到品牌项目课程化，进一步打造品牌课程，夯实课程实施。

提高课程执行力。一是严格遵守课程安排和作息制度，认真落实国家课程，积极开好地方课程；二是自觉接受上级监督，促进科学执行课程的能力；三是在教学常规的落实中，努力做到"实"和"细"。实，就是做实实在在的工作。教学管理绝不是花架子，要靠一点一滴去做，去落实。细，就是细化教学管理，把教学过程的各个方面、各个环节、各个细节落到实处，避免重制度、轻程序，重结果、轻过程的现象。在抓教学过程管理的细节上，狠抓班级管理、教研组管理、教师管理、学生管理等方面的工作，做到分工明确、职责分明、协调一致。实施课程开发计划。从转变教师课程观、提高课程意识、赋予课程权利等方面，引领教师建构与高效课堂以及新高考改革相适应的课程开发能力体系。加大教师培训学习力度，提高教师课程整合能力，鼓励优秀教师承担品牌课程建设任务，使教师从课程的践行者转变为课程的设计者和生产者，将课程资源建设与促进教师专业发展相结合，培养和提升教师课程自主研发能力。

（2）扎实校本研修

构建完善的校本教研管理体系。建立以分管副校长为组长、科研室、教导处、教研组长组成的"校本研修指导小组"，制定切实可行的校本研修方案和计划；指导各教研组、年级组、学科教师开展校本研修工作，并收集和整理各种资料，及时总结校本研修的经验和存在的问题；定期完成对教研组、年级组、课题组、教师个人的教研计划、研修内容、工作总结等材料的检查和评价。

扩宽研修工作边界，促进研修转型。倡导问题导向的研修、基于证据和数据的研修、跨学科研修、跨学段研修、跨区域研修、线上线下混合研修等多种新型综合性研修模式，发挥专家指导的导向性作用和名师引领的实践性价值，通过课后反思、单元反思、学期反思等有效的教学反思、集体教研互助、"团队工作坊"的团队研修模式,保障研修既有理论依据,又有实践抓手。

强化研修成果的转化应用。注重研修成果向教学实践的转化,把"教学研究的密度"转化为"教学创新的浓度"。主题研究聚焦学校教育教学改革重点工作,推动深入具体的过程研究,为全面提升教育教学质量、加快推进学校建设进程提供实证依据和行动策略。

(3) 打造高效课堂

研制高效课堂标准、文化环境、教学方式、师生关系和评价工具,形成体现学科思想方法和创新思维的学科高效课堂教学模式。结合教学实际,研究明确各学科核心素养框架,并细化到具体教学各环节;开展全学科学业水平质量分析,促进全学科教学质量提升。

要求教师精致教学,做到"五个一",即:每一句话力求字字珠玑,每一个提问力求富有启发,每一种设计力求精心巧妙,每一道习题力求典型规范,每一步环节力求严谨合理,切忌漫不经心和随心所欲。倡导教师个性化教学,鼓励教师体现专业风格的创造性劳动。关注教学内容与现实社会生活建立联系,找到学科知识与现实生活和学生经验的结合点,注重利用课程资源,创设情境,激发兴趣,充分调动学生学习的主动性和积极性,培养学生跨学科知识应用能力等高阶能力,让学生学得会、学得好、学得足。

(4) 变革学习方式

提供以学生为中心、满足个性化学习需求、发掘自身学习潜能的学习环境,推动学生构建自主、合作、探究的新型学习方式,充分调动学生内在学习动机,激发学生探索未知的好奇心,培养浓厚的学习兴趣;在同伴互动中提升与深化,享受认同与尊重,实现共同成长;倡导学生开展探究性学习活动,促进学习方式的转变。教师在教学中做到"三讲三不讲"和"五个让"。讲易混点、易错点、易漏点,学生已会的不讲,能学会的不讲,怎么学也学不会的不讲;能让学生观察的要让学生观察,能让学生思考的要让学生思考,能让学生表述的要让学生表述,能让学生自己动手的要让学生自己动手,能让学生推导的结论要让学生自己推导。

（5）养成学习品质

培养学生好奇与质疑、自信与坚持、专注与创新的学习品质，成为坚毅的、高效的、快乐的学习者、探索者和创造者。激发学生强烈的好奇心和旺盛的求知欲，引导学生探索未知；培养批判性思维，能基于事实对不同观点和结论提出质疑和批判；培养敢于探索、敢于冒险的精神。引导学生理智地、辩证地看待自己，既不回避自己的缺点，也不夸大自己的优点；培养坚毅的意志力，自觉克服学习中遇到的难题或困难；正确认识挫折与失败。明确学习目标，提高自律意识，专心专注学习；引导学生从不同的角度思考问题解决的方法；引导学生运用所学知识创造性解决问题。

（6）减轻课业负担

依据《北京市关于进一步减轻义务教育阶段学生作业负担和校外培训负担的措施》文件精神，统筹作业管理。进一步完善作业统筹管理机制，学校制定作业管理办法，建立作业校内公示制度，公开班级各学科作业，加强质量监督。要求作业必须在课内布置，坚持作业全批全改、及时反馈，加强面批讲解，作业难度不得超过国家课标。不得布置机械重复、惩罚性作业。严禁给家长布置作业或要求家长检查、批改作业。

加强作业设计指导。发挥作业诊断、巩固、学情分析等功能，将作业设计纳入教研体系，系统设计符合学生年龄特点和学习规律、体现素质教育导向、涵盖德智体美劳全面育人的基础性作业，鼓励布置分层、弹性、个性化作业。教师要认真分析学情，做好答疑辅导。不得要求学生自批自改作业。

（7）提升课后服务水平

对学校课后服务进行整体规划设计。做好教育教学活动和教师资源的统筹，将课后服务时段分阶段进行整体规划、系统设计，满足学生多样化需求；课后服务结束时间采用错峰制，探索与本地区职工下班时间衔接。

进一步丰富服务内容。学校制定具体的课后服务实施方案,提供菜单式课后服务项目和内容,供学生自愿选择,切实增强课后服务的吸引力。同时充分利用课后服务时间,指导学生完成作业,并积极探索由优秀教师引领的,对学习有困难的学生进行课业答疑和辅导,为学有余力的学生拓展学习空间。积极开展丰富多彩的科普、文体、艺术、劳动、阅读、兴趣小组及社团活动等综合素质拓展类活动。

7. 课题研究助力促教与兴教

(1) 以课堂转型为重点,培育学生核心素养

传统的课堂教学,是以知识为本的教学,整个教学过程关注的是教学进度、知识的达成度、学生对知识的记忆和理解的程度。

核心素养的教学,是以人为本的教学,是把学生看作是一个独特的生命体,关注他的健康成长,关注在学习知识的过程中思维方式的提升、情感态度价值观的丰富、人生观世界观的形成。

发挥骨干教师引领作用,围绕"实施课堂转型"进行课题研究;通过专家讲座、理论学习、培训体验等方式,激发青年教师的科研动力,研究核心素养的内涵,在课堂教学中实现从重"教"到重"学"的转移,并从实践中总结经验方法,撰写相关科研论文;重视提升教研组的研究能力,在常规教研活动的基础上,探索主题式教学研究,重点研究教学内容的呈现方式、教学组织的形式、教学方式的选择等内容。在研究中不断提升教师的理论素养和教研能力,从而促进课堂教学由讲授知识向培养能力转变。

(2) 以课题研究为载体,提高教师科研水平

科研引领教育教学。发挥学校课题组骨干教师的作用,利用讲座、研讨等方式进行课题研究,以持续的专题研究活动为载体,通过学校的劳动教育、写字教学、课堂评价、学生学业水平质量分析等课题,引领骨干教师、高级教师等作为主研人员参与教育科研,带动青年教师进行课题研究。在已有课题的基础上，鼓励年轻教师申报区级或校级课题，确保每一位青年教师至少参与一项课题。借助课题组和教研组的研究力量，鼓励教师勤动笔、常总结，积极参与《燕山教育》《北京教育》等学术专刊的投稿，并把教师的科研成果汇集成册。力争五年内有50人次的教育教学论文、科研成果在各级（全国、市、区）刊物发表或获奖。

在教师科研水平发展的基础上，借助科研部门的力量，探索成立"学生发展研究中心"，重点研究两方面内容：一是结合学校合育中心的整理课程，指导学生进行生涯规划设计，引导学生对自己的兴趣、爱好、能力、特点进行综合分析与权衡，确定奋斗目标，并为实现这一目标做出努力。二是通过毕业生质量追踪以及在校学生职业生涯规划的制定，引领学生树立终身发展目标，培养学生可持续发展的能力。

（3）以"教研训一体化"为着眼点，促进科研成果形成

借助市、区、校级重点课题及相关微课题的校本研修，促进教师个体自我反思。教研组"一期一主题，一周一研讨，一日一反思，一月一实践"科学研究活动的前提下，激发教师反思热情，培养教师形成反思习惯，在不断反思中形成教学案例、论文、科研报告等成果。

8. 信息化建设突出共享与融合

"十四五"期间，学校将探索基于新一代信息技术的新型教育教学模式和学校管理模式，进一步完善一体化办公平台，推广电子政务应用，加强校园网建设，运用大数据技术构建数据分析模型，提升教学和管理效能。五年内实现信息技术与学科教学完美融合，实现"线上线下"教学完美转换，实现优质教育资源的高效共享。

9. 体卫工作重在"身健"与"品优"

（1）重点打造"特色体育"

开发利用地方资源，丰富校本课程，努力构建有特色的体育教育。创设体育特色教育环境和氛围，满足学生多元发展需要，全面落实"两课"（体育课和课外活动课）、"两操"（广播操和眼保健操）、"两活"（体育活动和特色活动）、"三赛"（跳绳、踢毽和班级足球联赛）、"三核心"（冰雪短道速滑、轮滑和武术），一节（体育节），使特色体育工作进一步规范化、常规化、科学化，凸显学校体育特色项目品牌建设。

（2）重点营造"健康氛围"

卫生工作科学定位，明确目标。加强自身学习，提升防病意识。各项规划全面落实；卫生工作重点突破，协调发展，健全卫生工作领导小组，明确分工、责任到人；加强调研，谋划思路。完善卫生检查监督制度，由强化的管理逐步转为内化的习惯；开展多种多样的卫生宣传工作，让学生在实践中养成良好的卫生习惯；加强家校共育，提高家长对疾病的认识与了解，并能够指导学生做好疾病与传染病的预防。

（3）重点塑造"阳光心态"

利用校内外宣传栏、"知心小屋"、心理故事板报、广播等宣传方式，扩大心理健康教育工作的影响，让学生懂得日常心理自我保健，并增强心理健康意识；开通心理咨询热线，给有需要的家长、学生提供帮助；坚持建立"悦心行动"学生心理档案，给个别学生提供具体而有针对性的指导；继续完善心理课程，坚持每月一次的心理课堂，开展教师心理讲座，完成心理课程记录册，全体提升学生的心理健康水平。

10. 安全工作重在"防患"与"处突"

（1）主题教育课程，着力提高"关注热度"

充分利用学校升旗仪式、年级会、班队会等形式对学生进行安全主题教育，做到每月有主题，每周有内容，每次有计划，每个有反馈。安全主题教育课程的要持续开展，促进全校师生更加关注校园安全，将"安全"根植于心，防患于未然。

（2）培训体验课程，全面提升"认识高度"

更加重视知识、经验的积累和提升。利用好"向阳小学逃生演习日（每个月第三周的星期二）"，持续开展全校安全疏散演习活动，分工明确，责任到人。疏散演练前，要求大队辅导员通过校园广播对全校师生进行安全教育，部分教师按照岗位职责进入指定岗位，协助师生有序疏散，学校领导要在活动后进行总结反馈，确保达到疏散演练的目的和要求。

培训课程为打造思想过硬、技术过硬、能力过硬的安保队伍提供有力支撑。继续邀请法制副校长、迎风派出所民警、青少年防卫中心警官为学校保安、保卫干部、教师进行实战训练，丰富安全防护知识，提升应对突发事件的技能。

（3）协同教育课程，加大提升"辐射广度"

联合家长资源、社会资源，携手开展安全教育。继续聘请心理辅导师每周开展"悦心行动"，对学生进行心理疏导和团体辅导。持续邀请市、区级执法工作人员走进校园，开设卫生防疫、安全、法制等课程，开展主题教育。

11. 后勤保障重在精细与及时

以"内部控制评价"为抓手，进一步明确后勤人员的工作职责，增强后勤人员的服务意识，以服务教育教学为中心，建立高效的后勤服务运行体系，实现"三个确保""两个力争"，即：确保环境、设施维护、维修，办公用品采购、供应及时到位；确保财务、资产管理规范、精细，账物相符；确保水电气暖正常运行，垃圾处理分类规范；力争进一步完善教育教学设施，力争进一步提高后勤服务质量，为师生创造温馨、舒适的工作学习环境。

（五）"十四五"时期发展保障措施

1. 思想保障

实施和管理"十四五"规划是一项系统工程，学校将定期召开各级会议，积极学习规划，以取得全体教职工的共识，将本规划作为学校内部教育教学工作的行动纲领，在本职工作中加以贯彻执行。

2. 组织保障

成立以校长为组长的规划管理领导小组，具体实施本规划的全程管理，各分管领导、处室、年级组具体落实，全员参与，是完成规划的可靠保证。管理小组根据总目标和具体目标，负责本规划的全程实施和管理，努力做到团结协作，分工明确，条理清晰。

3. 制度保障

全面落实从严治党，加强党对教育工作的全面领导，不断完善校内各项规章制度，对实施过程进行调控和改进。建立立体、交叉、多维的信息网络，在规划的具体实施中，学校领导小组和各部门做好规划的咨询指导、检查控制和调节平衡工作，及时纠正偏差的管理行为，形成干部接受群众监督的工作机制，齐心协力，保障本规划的顺利实施。

4. 师资保障

加强学校行政班子的建设，各职能部门分工合作，形成"分工不分家，有分工有合作"的良好氛围；努力建设一支品德好、观念新、学历层次高、教科研能力强的师资队伍。

5. 后勤保障

合理配置资源，提高教育经费的使用效益；落实学校安全主体责任，坚持以人为本、生命至上、安全第一，为学校规划的实现提供物质保障和安全环境。

习近平总书记强调"教师不能只做传授书本知识的教书匠，而要成为塑造学生品格、品行、品位的'大先生'。"循着这个方向，"十四五"期间，我校将固本强基抓教风，精耕细作，力求科学性、针对性、实效性更强；弘扬关怀文化，多元赋能，以教风带学风，以正风优校风，用激情和汗水铺就走向优质均衡的教育之路。

第三章　德育一体：关怀引领

学校在"关怀教育"指引下，在创办"有温度的教育"过程中，秉承"人人都是德育者"的德育工作理念，以"育人为本，育人为先，教育先于教学"为原则，以社会主义核心价值观、《中小学生守则》和新修订的《北京市中小学生日常行为规范》为指导，以促进学生全面发展为出发点，以养成教育和特色活动教育为主线，努力实现"培养懂得爱人，也值得人爱的健康、智慧的学生"的育人目标。

一、以全员育德为宗旨，推动德育工作全面开展

（一）健全机构，完善管理体系

健全的组织机构，是构建和谐德育氛围的基础。我校认真贯彻落实德育工作的文件要求，建立健全管理体系，形成"校、处、班"三级管理网络。校长、书记、德育副校长、德育主任、大队辅导员组成德育领导小组，从学校管理层到基层班，形成密切的连贯的层级联系，发挥德育管理组织到位、指挥灵活、步调一致、信息畅通的高效能。校长、书记是学校德育工作的总指挥，德育副校长全面负责德育工作，下设德育处、年级组、班主任多个德育服务端。我们还将家庭、社会的力量融入学校德育管理体系中，先后成立学校家长委员会、班级家长委员会、家长志愿者服务队，合力打造更为完善的德育管理体系。

我们开辟三条德育渠道，形成立体化的德育网络。一是以教师为主体的德

育渠道，由校级领导小组、年级指导小组、班级工作小组构成；二是以学生小干部为主体的德育渠道，由校级的大队委员会、各年级的小干部，以及班委会构成；三是由学校、家庭、社会三结合而成的教育渠道。

每学年年初，学校都会依据北京市和燕山教委对德育工作的指示精神，结合我校学生实际制定德育工作计划，然后从学校到班级，逐层下达，逐级布置，逐个落实，逐一评价，德育网络全面铺开。

（二）梯队培养，助力队伍成长

为进一步强化我校思想道德建设，强化班级管理，推进文明礼仪教育，激发班主任的工作热情，学校定期组织召开班主任工作会，以"师带徒"为抓手，开展专题式校本培训。

1. 坚持班主任工作月例会制，注重日常培训和指导

每月开展的班主任例会既是学校德育工作的总结会，也是班主任队伍建设的培训会。工作会上，魏惠萍校长多次强调，要在工作中严把安全关，严守师德底线。教师要在工作中严格落实学校要求，将工作做细做实做到位，坚持底线不能触碰。德育副校长结合学校德育工作计划，从卫生、养成、安全、师德等几个方面提出具体要求，分项部署落实标准。会上强调，学校卫生工作开始实施"班级卫生达标制"，将班级卫生按照标准分成"达标班""示范班"和"模范班"三个等级，要求全校必须在达到"卫生达标班"的基础上争优争先，做出表率，促使校园美好环境再上新台阶。文明礼仪教育一直以来就是学校养成教育的重点，在发挥原有校园志愿者职能的基础上，进一步推进学生"自我教育"，在全校范围推行"手势礼"，加强课间纪律的监督，促进文明守纪良好习惯的养成。

2. 发挥杨红军班主任工作室职能，打造师徒共同成长

向阳小学杨红军班主任工作室在平日的工作中发挥着突出的模范引领作用，通过"师徒结对"进行团体合作互助，为青年教师搭建平台，督促青年教

师职业规划，做到"一记一反一沟通"，促进青年班主任稳步成长，提高班主任队伍整体水平。

为增强班主任队伍建设，增强班主任凝聚力，创建和谐班集体，学校组织召开"杨红军班主任工作室研讨会"，德育干部和全体班主任参加，针对"师带徒"工作进行总结。为提高班主任的整体工作水平，促进班主任间的交流与合作，让班主任的先进经验更好地发挥作用。学校又借助燕山地区召开的"紫禁杯"优秀班主任工作站系列活动——杨红军班主任工作室展示交流会的契机，开展全校班主任全员培训。

（三）整合资源，落实育人目标

我校非常重视家庭、社会与学校的"三结合"教育。在做好学校教育的同时，我们不仅努力办好家长学校，定期召开家长委员工作会，共同商讨教育问题，还特别重视社会层面资源的开发和利用，重视学生在社会大课堂中的学习和成长。我校力求通过整合多方资源，形成教育合力，全面落实育人目标，推动德育工作有效开展。

1. 加强培训——在学习中提升

为了实现全员育人、全程育人的目标，我校加强对全体教师，尤其是班主任工作的培训力度，着力打造一批品行好、能力强，工作踏实、乐于奉献的教师队伍。我们进行了骨干班主任的评选，并通过"班主任例会""典型案例分析会""经验交流借鉴会"等平台互学互鉴，一方面促进青年班主任的快速成长，提升他们的管理水平和工作艺术；另一方面提高全体班主任的思想认识和综合素质，为打造全员育人的育人氛围创设条件。

为更有效开展教育工作，我校定期开展家长学校大讲堂活动，通过大型的集体讲座形式面向全体家长进行培训指导。我们还借助校园网、学校公众号、微信群等方式为家长提供家教理念、家教方法的文章，引导家长理性看待家校关系，科学开展家庭教育，以此来全面提升家长的教育艺术和方法，使之能更好地与学校教育相融合，成为班主任工作的有力帮手。同时，我校还邀请知心姐姐朱虹等专家定期做关于《幸福家庭养育幸福孩子》《关注孩子的"心"动力》等内容的专题讲座，用她们的专业素养、深厚情感，为家庭教育助力。

2. 携手家庭——在合作中共赢

"家长开放日"是我校长期固定的一项活动。每学期都举行家长会、家长开放日、家庭教育讲座。一方面鼓励家长校访，一方面将学生在校情况通过电话、飞信等各种方式及时与家长取得沟通，使家长、学校之间增进了彼此了解，促进了双向交流，达到共同育人的目的。

"家长志愿者服务队"是我校一道充满温情的亮丽风景线。每天清晨上学时间都会有两名领导，两名教师，多名家长志愿者出现在校园门口，接护学生快速上下车，使车辆快速通过，减少拥堵，确保学生安全。他们用实际行动博得家长的信任和尊敬。目前这支队伍已有400余位家长参与其中。这样的举措既保证了学生的安全，又规范了学生的行为，更影响了学生，温暖了社会。家长志愿者服务队的无私付出，起到了很好的辐射作用，体现了我校"关怀教育"的理念。

3. 迈向社会——在实践中锻炼

走进社会大课堂是学生学习实践的有效途径，我校鼓励学生积极参加各类实践活动，并做好活动记录。我们倡导学生自主组成小组，在家长和教师的引导下，利用节假日，外出开展活动。活动的内容可以是郊游，也可以是参观、科技制作，等等。通过这样的实践活动，让学生走进社会，了解社会，体验生活，增长知识和能力。

我校还与社区携手，开展教育活动。学校要求学生积极参加寒、暑假社区开展的各类比赛、学雷锋活动、消夏文艺晚会、专题讲座、为居民送信、发放宣传单等活动，并做好活动记录，假期结束后，学校通过上交的记录和社区的反馈，进行统计并表彰。总之，在与社区携手开展教育活动的过程中，不仅能帮助学生了解社会，接触社会，还能让社会了解学校，了解学生，从而让社会与学校工作结合得更加密切，共同担负起培养、教育学生的职责。

二、以育德活动为抓手，激发德育工作创新发展

在打造向阳小学"礼仪教育体系"的过程中，不断加强以学生为主体的工作要求，抓活动促养成，抓特色促常规，抓亮点促全面，抓大不放小，引领我校德育工作创新发展。

（一）常规管理——养成教育常抓不懈

1. 坚持育人为本德育为先原则

以打造文明校园为载体，全面推动"社会主义核心价值观"及《中小学生守则》和《中小学生日常行为规范》的落实，促进学生良好行为习惯的养成，树立向阳小学良好的校园形象、教师形象、学生形象，推进文明工程的开展。

2. 坚持加强校园文明岗的监督功效

好习惯的养成不是一日之功，不仅需要长期的坚持和培养，更需要在养成阶段做好监督和引导工作。2009年7月，我校成立了"手势礼文明岗"，以每班五名学生为代表分组轮换值班，在教学楼各处，负责规范学生行为，引导他们在教学楼内有序过往。每个学期，学校都推行"手势礼"自我教育系列活动，每周组织召开"向阳小学手势礼文明礼仪教育例会"，对学校学生志愿者50余人进行集体培训。培训中，德育副校长从"手势礼"的含义，以身作则争当楷模的责任感，以及学生自我教育过程中的文明等几个方面，给学生上了一堂生动的礼仪教育课，使学生懂得"不学礼，无以立"的道理。学校还组织开展"做新时代文明好少年"手势礼主题教育活动，表彰了"手势礼"推行过程中主动管理、积极参与的王一涵、于鑫浩两位同学，并邀请第一批学生志愿者与全校师生面前亮相，号召大家互相监督，互相学习，在向榜样学习的过程中，在自我管理的过程中，学会守纪，学会有礼，共同打造向阳小学文明有序的校园环境。

3. 坚持执行值周常规评比制度

每周公布班级常规检查结果，根据常规检查结果，每周按常规积分高低，为各年级张贴相应的标志予以奖励，表扬常规管理先进班级，指出常规检查扣分较多的班级及原因，促进行为规范的培养。

4. 坚持打造班级特色文化

让学生时刻浸润在文化氛围之中。每学期，学校都会带领全校班主任开展班级文化交流活动，并通过板报评比、环境布置评比、卫生评比等形式互促互学，力图将班级这块教育主阵地的功效发挥到极致。

（二）入队教育——思想品德落地生根

为培养孩子从小养成良好的学习和生活习惯，增强荣誉感和责任感，珍惜红领巾的来之不易，不愧于少先队员的光荣称号。在孩子成长的关键期，帮助孩子扣好人生的第一粒"扣子"，学校研究决定将每年的6月1日定为"向阳小学少先队预备入队日"，将10月13日建队日定为"向阳小学少先队正式入队日"。以此为契机，我校开展以"争做新时代好队员"为主题的教育活动，力求通过阶段性教育活动，引导队员们继承和弘扬少先队的光荣传统，增强少先队员的光荣感、自豪感，展示新时期我校少先队员乐观、积极向上的精神风貌。

1. 第一阶段：前期准备教育阶段

（1）开展主题班会

5月底，学校开展《重温少先队礼仪知识》主题班会活动。利用班会课，同学们重温队名、队旗、呼号、唱队歌等少先队基础知识。通过学习少先队知识，同学们深刻认识到"五角星加火炬的红旗是中国少年先锋队队旗，寓意在中国共产党的领导下，向着光明的未来前进"，同学们积极参与到有序规范的少先队礼仪训练中。

（2）主题升旗仪式

主题升旗仪式由大队长主持，向全体队员们宣读红领巾的象征意义以及佩戴红领巾的意义，倡导队员们要用实际行动热爱红领巾，珍惜红领巾的荣誉。队员们在大队长的带领下，重温入队誓词。

2. 第二阶段：预备队教育阶段

学校开展以"争做新时代好队员——红领巾我为你自豪"为主题的一年级新队员入队仪式。首先，大队辅导员老师宣读新队员名单，一年级家长为新队员们宣读入队考核要求。接着，家长亲手为自己的孩子佩戴红领巾，互敬队礼，少先队员们高呼"时刻准备着"。校长、书记为新一年级中队授中队旗、为辅导员受聘书。最后，新老队员代表发言，表达心声，大队长带领队员们重温少先队知识，新队员们在队旗下庄严宣誓。

3. 第三阶段：正式入队教育阶段

从预备入队到正式入队期间为考核期，在考核期间，学校依据《向阳小学入队评价标准》对孩子进行考核。学校通过考核中的12项标准，每天每周对学生进行考核，通过学校和家长联手一起对学生进行培养，使学生养成良好的习惯和作风，为成为优秀的少先队员而不断努力。

（三）专项培养——五育并举全面发展

1. 合育中心团队重点培养"劳动素养"

（1）培养劳动意识

通过开展劳动技能知识大赛、劳动知识讲座、劳模故事会、劳动教育系列班会等形式，培养学生的劳动意识，引导他们真切认识到"劳动最光荣"，并愿意参加到劳动中来。

（2）固化劳动行为

强化班级和家庭劳动岗、强化岗位意识；与劳技、科学、美术、语文、数学、信息、体育等多个学科相结合，完成劳动实验报告；传统劳动与新型劳动相结合，拓宽劳动内容。如：学会拍照并进行简单的编辑，会使用简单的办公软件等，要请家长参与劳动指导。

（3）进行劳动展示

开展劳动竞赛、进行妙招展示、小达人劳动示范等多种展示。

（4）开展劳动评价

建立学生劳动评价制度，评价内容包括参加劳动次数、劳动态度、实际操作、劳动成果等方面，具体劳动情况和相关事实材料记入学生综合素质档案。

2. 心理工作室团队重点塑造"阳光心态"

（1）扩大宣传开通热线

第一，扩大宣传。通过校内外宣传栏、"知心小屋"、心理故事板报、广播等宣传方式，扩大心理健康教育工作的影响，让广大学生懂得日常心理自我保健，并增强心理健康意识。

第二，开通热线。开展心理咨询热线工作，充分利用资源，创建并维护好心理咨询室，由于这一类的咨询方式具有保密便捷的特点，可以尽可能快地为他们提供帮助，使家长意识到这些咨询不仅仅是摆设，让学生及家长感受到心理咨询老师的真诚。也可以让学生通过信件畅所欲言，从而敞开心扉，积极咨询，最后达到互助自助的效果。

（2）坚持"悦心行动"学生心理档案

第一，对之前有档案的学生密切关注，坚持观察谈话，进行档案追踪，积极地鼓励他们和朱老师沟通交谈。交谈后做好记录，预约好下一次的时间与内容，让学生可以再次与朱老师沟通，接受疏导。

第二，每学期加大排查，班主任集中反馈各班学生各方面变化，或是反映班级内重要的心理问题或是心理现象，或是平时觉得棘手的问题，以便能够及时地根据学生状态调整心理课程的教育主题，并且能够从心理的角度帮助班主任们更舒适更高效的处理问题。

第三，学校教开设心理工作室热线，让老师和家长们随时遇见问题随时反应，进行记录，摸底观察，有必要进行个别谈话。

第四，可以开设专题小范围辅导，比如班干部辅导，学会自我疏解和交流方法；进行厌学或毫无学习习惯的学生辅导，帮助学生适应学校的学习环境和学习要求；进行人际交往辅导，学会人际交往的技巧，利用正确的方法交朋友；悦纳自我辅导，加强学生自我认识，客观地评价自己，能够扬长避短。

（3）继续完善心理课程

第一，继续加强和朱虹老师的联系，举行每月一次的心理课堂。已经开展的主题继续落实。未开展的可以进行有联系又可以分开的小课程，与学生密切相关。比如，围绕疫情的一系列讲座，又如，青春期辅导教会高年级学生学会克服青春期的烦恼，正确面对青春期，逐步学会调节和控制自己的情绪，抑制自己冲动行为；开展情绪讲座，了解情绪产生的原因以及消极情绪对我们的生活、学习、行为等方面的负面影响，掌握克服消极情绪的方法，学会调节和控制自己的情绪。

第二，加强和学校老师与班主任们沟通，可以开展教师心理讲座，与教师们讨论日常生活教学中可以用到的小方法、小游戏，或是青年班主任的沙龙会，围绕初任班主任遇到的困惑、惊喜等展开讨论。融入学科渗透，在教学中开展一些心理引导与培养。

第三，与其他部门合作，与各年段成立的家长委员会交流，热心真诚地为他们在家庭教育中出现的困惑提供帮助，成为家长、学生、教师沟通的桥梁，与相关教师配合，对相关学生进行疏导，同时帮助改变家长一些不合理的家教观念，使教育工作得到全面的稳固。

第四，完成心理课程记录册。将心理课程分栏目分块的整合，制作成心理知识小册子，向学生、教师、家长分发，及时总结。

3. 专业教师团队重点打造"特色体育"

（1）完善体育工作规章制度，提高思想认识，高度重视体育，特色教育工作。使全校教师充分认识到体育特色教育是学校教育的重要组成部分，没有体育特色教育的教育是不完全的教育；特色教育有着其他教育不可取代的独特作用，它是学校全面实施与推进素质教育的有效途径，是学校创建特色校，全面育人，发展学生个性的好载体与好帮手。

（2）严格执行课程标准，开齐开全，开足体育，特色教育教学主渠道建设，必修课开课率达100%，利用地方资源开发，丰富校本课程，努力构建有特色的校本体育，特色教育。丰富体育，特色教学，满足学生多元发展需要，大幅度提高学校体育特色教育的教学质量

（3）创设良好的体育特色教育环境和氛围，全面落实二课（体育课、课外活动课），二操（广播操和大课间活动），二活（体育活动和特色活动），一会（运动会），二赛（跳绳比赛、踢毽比赛），二核心（轮滑、武术），一绳（跳绳），使学校各学年的体育，特色工作进一步规范化，常规化，科学化，凸显学校体育特色项目品牌建设。

4. 学校卫生室工作团队重点营造"健康氛围"

（1）卫生工作要科学定位，明确目标。加强自身学习，提升防病意识。学校各项规划要全面落实，分析地方经济社会发展对学校发展提出的新要求，通过认真总结学校"十三五"规划的完成情况，分析问题，寻找差距。

（2）卫生工作要重点突破，协调发展，集中物力、人力、财力，找准"十四五"期间发展的关键点，从而突破重点难点。健全工作领导小组，明确分工、责任到人。

（3）卫生工作要加强调研，谋划思路。完善卫生检查监督制度，由强化的管理逐步转为内化的习惯。加强家校共育，提高家长对疾病的认识与了解，并能够重视疾病与传染病的预防。

（4）继续加强班主任及科任教师对疾病的了解及传染病的预防意识，思

想上得到充分认识，并能够快速在班级内开展卫生防病工作。

（5）让学生在实践中学习，通过参与多种多样的卫生宣传工作，让学生在实践中养成良好的卫生习惯。在人的发展阶段中，青少年时期是生根发芽、打下基础的重要阶段。在这个时期打下的良好基础，会伴随孩子的一生。在卫生教育方面，学校做到线上线下共同宣传，在学校定期开展卫生教育工作，爱眼日的预防近视的宣讲活动，世界无烟日、缺碘乏病日的手抄报活动等，通过多种多样的活动，让孩子参与到卫生工作重来，普及卫生知识将卫生观念深入到孩子的心中。同时开设微信公众号，利用线上资源家校共育向学生家长和孩子普及卫生知识。

5. 学生综合评价团队重点推进"综合评价"

（1）以"促进学生的发展"为综合素质评价的终极目标。现代教育理论及心理学指出：人的智能发展是多元化的，知识的获取是通过与其环境的相互作用而获得的信息形成的。基于这一理论，作为教育工作者，我们应从不同的层面与侧面来看待学生，善于发现学生在不同领域存在的优点与长处。

（2）通过评价及时发现学生学习中的困难，及时改进教学环节。综合素质评价不应只体现在学期末的一项教学材料的整理上，它是学生在校成长状态的全现掌握，教师应及时地进行了解。那么，对于学生在学习过程中遇到的困难，教师应对这些困难产生的原因进行深入的挖掘，查看这些原因由何而起，涉及自身教学中的哪一个教学环节，针对教学环节及教学效果进行改进。

（3）全面掌握学生学习的整体过程，帮助学生发现自身存在的优缺点。让学生对自己在学校中的状况进行记录，教师根据这些记录对学生的综合素质进行评价，是教师了解学生的另一个途径。

（4）让学生形成良好的学习态度，积极的人生观与价值观。小学是性格形成的关键时期，也是学习态度、学习行为形成的关键时期。综合素质评价为教师给予学生更加有意义的指导提供了方法与途径。综合素质评价表面上反应的大多是学生学习方面的问题，但是，其中暗含学生对待学习态度与观念，还涵盖着学生人生观、价值观，对于学生今后的成长是十分重要的。

（5）帮助学生认识自我、树立自信。从入学开始，学生对于周围的一切还处于萌懂的状态，那么，教师给予他们的评价，则是从关爱的角度出发，从指导的角度出发，成熟的、公正的评价。让学生更全面的认识自我，能够发现自己身上存在的优点，能够树立自信，健康成长。随着学生年龄的增长，行为习惯的养成，教师针对学生的行为表现，及学生年龄特点，继续通过评价，使学生不断的改进及养成好的行为习惯。

一直以来，学校将全面落实"德智体美劳"德育教育作为学校工作首要任务，特殊时期也不松懈。2020年的新冠肺炎疫情改变了常规教学计划。当下，学生处于超长居家学习时期，如何落实"特殊时期"立德树人根本目标成为一个新的命题。学校以培养学生养成习惯和提升素养为重点，切实做好居家学习阶段教育管理工作。我们以"少先队大队"为依托，坚持每周开展主题教育，每周召开班队会，借助网络升旗平台，每周推送公众号，对学生进行生命教育、法制教育、传染病预防教育、危机教育、爱国教育，以及增强社会责任感的社会正能量等教育，促进学生德智体美劳全面发展。

一是主题升旗要做强。停课不停学，停课不停育。为了增强全体师生的爱国情怀，明确自己肩上的责任和使命，自2020年2月24日开始，结合当前情势，以及教育节点开展，如"战疫时刻劳动有我""莺飞草长话春耕""我是中国人，我有中国心""五星红旗托起希望之光""爱绿护绿有你有我""好习惯益终身""从小学先锋，长大做先锋""居家重安全健康伴成长""防震减灾珍爱生命""垃圾分类新时尚，文明校园我践行""清明寄思缅怀先烈"等为主题的网络升旗教育。向阳小学1100多名师生用一种特殊的方式"相聚"在一起，在每个星期一的八点通过网络共同完成一场场特殊的升旗仪式。虽然没有了往日的绿茵操场，没有了庄严的升旗台，但是国旗下的我们从未改变。坚定的眼神，标准的敬礼，嘹亮的国歌声，是我们对国旗的热爱，是对祖国母亲的情怀！

二是每周班会要做好。学校坚持每周召开主题班会，要求每个班级每周上交班会方案，由学校德育处负责审核。审核通过的班会方可实施，每周班会围绕周一网络升旗主题内容进行，目前"摘下口罩的你最美——向医务工作者致敬""宅家战'疫'做贡献，居家安全我知道""走进雷锋——爱心包裹传真情""知母爱懂感恩""又是一年清明日，思亲祭祖敬英灵""垃圾分类从我做起"等网络主题班会已经在学校公众号推送，为更多的学生提供了更为丰富的学习资源。

三、以落实规范为契机，促进德育工作深化前行

在全面打造向阳小学"礼仪教育体系"的过程中，我校以培养学生良好行为习惯为工作重心，将学校教育与自我教育相结合，以2016版《北京市中小学生日常行为规范》的推进为契机，有计划、有阶段、有层次、有重点、有评价地落实德育工作，努力实现学生日常行为教育常态化、规范化和科学化。

（一）多种形式，营造氛围

学校利用多种渠道开展大力宣传。利用开学典礼、周一升旗、班队会，以及校园广播、校园铃声等时机，开展《新规范》的教育活动，为学生全面了解《新规范》的修订精神及内容做好宣传普及工作。

我们发挥环境育人优势，在教学楼门口醒目的位置上设立了《新规范》宣传牌，供学生学习，还利用读书区的围墙，布置《三字经》和规范的具体内容。在教室内、楼梯台阶上张贴、悬挂《守则》和《新规范》，让学生时刻浸润其中，随时警醒和规范自己的行为，让育德教育在润物无声中得以践行。

学校德育处还为学习新规范准备了大量的资料，有新规范动画视频、小儿歌，还有学守则学规范自测题，班主任老师利用班队会时间，针对不同年龄、不同学段开展不同形式的学习活动。

（二）多种途径，搭建平台

我们将学校作为落实《新规范》的训练场，结合学生年龄特点和学段特

点，开展丰富多彩的实践活动。我们以分段教育为原则，以学校统筹管理为保障，以评价反馈为改进依据，在全体师生共同参与的过程中，将校园内外，课堂上下，多角度，多层面，全方位地加以融合，利用多种途径搭建平台，确保《新规则》推进工作落实到位。

每个班级发挥个体优势，制定新规范落实计划，设计班级公约，创建落实新规则特色实践活动，比如：设立"今天我当家"责任岗、制作手抄报（电子小报）、连环画，开展"我身边的文明"故事交流会，以及"学规范衍生品"作品展等等。

在此基础上，学校又将班级实践活动推向深入，以此来扩大优秀品质及良好礼仪行为的影响。我们成立了"'我是责任者'小小宣讲团"，每班推选2名"美德少年"，利用周一升旗时间还有班队会时间，在全校范围内进行宣传，充分发挥榜样的影响力量。

落实新规范的教育不仅体现在学校，在家庭，我们还给学生提供了更广阔的空间。我们利用定向猎狐实践基地，开展学习新规范，践行新规范的实践活动。活动当天恰逢恶劣天气，使得活动更具实践意义，既锻炼了学生的意志品质，又培养了团队精神，同时也让学生在活动中习得知识，懂得规范。

（三）多元评价，促进养成

我校积极探索多样的评价激励方式，对学生的行为进行监督和测评，其中既有任课教师的指导，又有班主任老师的肯定；既有三好生综合评选与认定，也有"美德少年""科技标兵""劳动小达人"等单项评选。每学期收集的实践活动记录、各类活动作品等，也会由德育处组织专人进行评选，并召开表彰会，颁发奖状。学校公众号也是一个评价窗口，学生的实践性作业，活动作品等会在上面展示。及时的评价与激励，营造了良好学习氛围，激发了学生自我修正自身言行，努力做更好的自己的积极性。

四、以课程开发为基石，引领德育工作多元发展

伴随着核心素养的研究历程，我校也积极开启了核心素养校本化培育的探索之路。在众多的课程中，我校已经逐步形成了色彩纷呈，百花齐放的态势。根据学校办学理念，制定实施素质教育的德育课程发展目标：以"社会主义核心价值观"为引领，以培养"全面发展的人"为核心，结合时代发展和小学生心理特点及基本需求，通过课题研究的形式探索学科德育、班队会、社会大课堂等形式多样、科学有效的德育有效途径，围绕不同教育主题，不断调整教育模式，促进学生内在潜质和完整人格形成的新的育人途径，全面培育学生核心素养。根据学校发展目标，制定德育课程整体规划如下：

表3-1 学校德育课程整体规划

课程类别			教育对象	时间安排	课程内容及要求	说明
德育课程体系	基础型课程	显性课程 道德与法治	全体学生	依据学校课程计划	用国家编写的教材，对学生进行爱国教育、生命教育、感恩教育等	按照国家和学校规定的课时，以班级授课形式组织课堂教学
		隐性课程 语、数、英、体、音、美、书法、科学、劳动、信息技术等	全体学生	依据学校课程计划	用国家统一编写的教材，根据学科特点，充分挖掘各学科中的德育内容，寻找结合点，进行有效教育	
	拓展型课程	学科类和活动类 "阳光悦读"课程	全体学生	每天晨读20分钟	对学生进行知识、能力的教育	学科拓展课程
		写字课程	全体学生	每周一20分钟	传统文化教育	
		体育活动	全体学生	每天1小时	强健体魄，培养集体荣誉感、进取精神	学校协调安排与学生自主选择相结合

续表

课程类别			教育对象	时间安排	课程内容及要求	说明
德育课程体系	拓展型课程	专题教育及班团队活动				包含校园生活课程、校本德育课程、安全教育课程、心理辅导课程等，根据学生年龄阶段和认知水平，分年级段阶梯式地展开
		专题教育课程（校会、年级会、班队会）	全体学生	校会、班会每周1次，年级会不定期开展	安全教育、法制教育、爱国教育、生命教育、感恩教育等	
		少年军校	全体学生	每周一升旗，每年四月份开展四年级军训一周	针对理想、品德、行规等各方面进行人格教育、国防教育	
		悦心行动	全体学生	每周一下午半天	心理疏导，养成积极健康向上人格教育	
		社团活动	全体学生	每周至少1节	发展学生兴趣爱好、掌握技能，培养良好品性	
		合育中心	全体学生	每学年不少于5次	培养劳动精神、劳动教育等	
	社区服务社会实践	社会实践课程	全体学生	社会实践活动每学期不少于2次	社会大课堂实践活动、社区服务实践活动，锻炼学生综合实践能力，涵养品行	

（一）基础型课程

教师要以"全员育人"的观念，通过各基础型课程的学科教学对学生进行思想品德教育，除了要准确把握本学科教学中的"知识和技能""过程和方法"方面的目标，还要关注"情感态度与价值观"等德育目标和德育内容，并落实在备课、听课、评课、教研等各个环节中。要充分考虑学生实际、师生关系、教学环境等要素，采用灵活多样的教学方法实施，让学生在潜移默化中受到感染和启迪，尽量达到"润物细无声"的境界，使学科渗透德育落到实处，充分体现德育主渠道的功能。

（二）拓展型课程

1. 学科类和活动类课程

（1）"阳光悦读"课程

◆ "阳光悦读"计划安排

内容：年级或班级统一内容，符合本年段特点，传承中国传统文化。

如：传统国学经典《弟子规》《三字经》《论语》《日有所诵》、古诗词《小学生必背古诗词80首》等。

时间：统一诵读进度和时间，各年级及时记录学生诵读进度表。每周保证阅读课不少于一节。晨诵时间：（每周三天）7：40—8：00，共20分钟时间。负责人是各班语文老师，以滚动式、复习式诵读为主。

◆ "阳光悦读"考核评价

采取过程性考评和终结性考评相结合的方法。过程性的考评主要形式就是学校各个年级的展评分享活动。终结性考评主要是对学生进行书面形式的调研。主要采取"阅读+试卷"捆绑式激励措施。把评价的关注点从单一分数变为整合分数，向读书"量""趣""习""质"等方面评价转变。并定期评选书香班级、书香学生和书香教师。

（2）写字课程

从写字姿势、写字技巧、写字速度这三个方面做起，各个年级因材施教，教师在写字教学的过程中教有定法，引领学生学有目标。

◆写字姿势训练

从一年级学生入学开始，各个学科的教师都要将"握笔即练字"的理念传递给学生，从书写姿势和握笔姿势抓起，随时提醒和纠正，学生要把"三个一"（即眼离纸面一尺，胸离桌边一拳，手离笔尖一寸）和"八个字"（即头正、身直、臂开、足平）记在心间，正确书写。

◆ 写字技巧指导

根据学生年龄特点，制定写字技巧教育重点：

一年级：教学重点为汉字的基本笔画。凡是接触到的汉字，力求讲透。

二年级：练习重点是独体字。逐渐掌握笔画的连带，每个字形成一个有机的整体。

三年级：练习重点为常用汉字的书写。掌握各类字中各个部分的相互搭配，引领学生选择自己所喜欢的字帖去练习。

四年级：练习重点是书法作品。鼓励学生充分汲取传统书法艺术营养，向高层次去探索去追求。

五年级：重点是形成稳定的艺术情趣。能够养成良好的学习习惯，以书法艺术陶冶个人性情。

◆ 书写速度考核

在关注学生书写整齐、规范美观的同时，对学生的书写速度也提出了相关的要求，把书写速度作为评选学校"书法之星"的一项重要指标。学校书法考核要求如下：

一年级学生每分钟写3—5字；

二年级学生每分钟写5—7字；

三年级学生每分钟写8字左右；

四年级学生每分钟写10字左右；

五年级学生每分钟写15字左右。

（3）体育活动课程

学校坚持"健康第一"的理念，在学生体能方面予以特殊的关怀，开设多项校本课程确保每天锻炼一小时。

◆ 少年武术

学校由体育组牵头，创编了两套"向阳小学校园武术操"，在每个课间操的进行锻炼。同时在每年的体育节中进行展示，对优秀班级进行奖励。

◆轮滑和短道速滑

学校一、二年级全部开展轮滑训练,对学生进行普适性教育,部分学生可以进入学校提高班级进行训练。学校和学生双向选择后,可以进入学校短道速滑训练队,队员每周一下午到燕山冰上运动中心进行滑冰训练。学校聘请专业滑冰教练对学生进行指导。

◆校园足球

结合学校实际情况,落实开展校园足球联赛,年级每班组成1队参赛(可报12人,至少有1名女生,也可多名女生)。比赛为七人制(包含守门员),场上至少有一名女队员。采用淘汰、循环制进行,分为上下半场各15分钟,上下半场每队各有一次暂停机会,中场休息5分钟。

奖励办法:各年级录取前三名进行奖励,同时辅导老师荣获优秀教练员。各年级评选"最佳射手"奖。

2. 专题教育及班团队活动课程

(1)专题教育课程(校会、年级会、班会)

◆全员育人开展"校会"

根据每学期常规节日开展全校教育活动,如:主题升旗教育、主题大队会、3月全国中小学生安全教育日、4月国防教育月、"5·12"防震减灾自护教育、"6·26"禁毒日教育、10月爱国教育月、"11·9"消防宣传活动日教育、"12·4"宪法日宣传教育等,使学生从小立志向、修品行、练本领。

◆针对性开展"年级会"

根据不同年级段的学生特点,有针对性地开展主题教育活动:一、二年级:习惯养成教育,如:卫生习惯,听讲习惯,排队、走路、就餐等。三至五年级:传统文化教育、安全教育、法制教育、校园欺凌、心理教育等。

◆专时专用开展"班队会"

学校特别重视"班队会"的落实,固定时间,固定课时,固定内容,专时专用,有序开展。在德育处的带领下,由专人负责管理每周主题班队会相关事宜，从"定方案——抓落实——推优先"三个环节入手，促使"德智体美劳"五育教育落地生根，得到全面落实。

①班队会内容：主要包含组织意识、政治启蒙、增强信仰、成长取向等教育内容。

表3-2 班队会内容

主题	具体内容
组织意识	培养学生对少先队组织的认同感、荣誉感、责任感和归属感，以及党、团、队衔接的组织意识
政治启蒙	引导学生初步了解我国的政体，培养初步的政治认识、情感、态度和价值观
增强信仰	启迪学生对真善美、美好人生和社会理想的追求，打下正确的世界观、人生观、价值观基础
成长取向	帮助学生获得基本的涵养，促进德智体全面发展。引导学生培养正直、善良、诚实、和审美意识，锻炼强健体魄，培养良好心理素质

②班队会总体安排：全年各月均有活动主题，3—6月，9—12月的第一次活动均为学校统一主题活动，其他时间，根据计划提示，相应安排活动内容。

表3-3 班队会总体安排

月份	月主题	周次	主题内容	责任人
1月	评价表彰月	1	假期活动安排	少先队大队
		2	总结表彰	少先队大队
2月	社会实践月	假期	社区社会实践、志愿者服务	少先队大队
3月	队史学习月	1	假期活动总结	少先队大队
		2	学身边的榜样（学雷锋活动）	联合中队
		3	少先队相关知识学习、队干部学习	各中队
		4	团队友爱、手拉手活动	各中队

续表

月份	月主题	周次	主题内容	责任人
4月	红色读书月	1	好书交流活动	各中队
		2	一年级队课（队史教育）其他年级学习队章队史	少先队大队
		3	队仪式训练	联合中队
		4	社会实践活动	少先队大队
5月	艺术节（红五月）	1	劳动实践活动	联合中队
		2	阳光体育活动、中队才艺大舞台	各中队
		3	校艺术节训练	少先队大队
		4	入队仪式训练	少先队大队
6月	组织生活月	1	布置少先队评优工作	少先队大队
		2	评优工作准备	各中队
		3	评选、总结	各中队
		4	红领巾心向党队会	各中队
7月	评价表彰月	1	总结表彰	少先队大队
		2	布置假期工作	少先队大队
8月	军民共建月	假期	八一慰问	各中队布置
		假期	暑假社区实践	各中队布置
9月	养成教育月	1	总结假期活动	各中队
		2	教师节活动	少先队大队
		3	队干部改选、推荐	各中队
		4	爱祖国主题班会	各中队

续表

月份	月主题	周次	主题内容	责任人
10月	国旗教育月	1	学习国旗发展史	各中队
		2	民主参与活动、评选新一届大队干部	少先队大队
		3	祖国发展我成长主题队会	各中队
		4	学习少先队改革方案	各中队
11月	多彩科技月	1	校科技月活动启动	少先队大队
		2	中队科技实践活动、推荐优秀学生	各中队
		3	航模比赛训练	联合中队
		4	"学科学 爱科学"队会	各中队
12月	友爱集体月	1	养成道德好习惯	各中队
		2	团结友爱、手拉手活动	联合中队
		3	平安行动系列活动	各中队
		4	快乐新年活动	少先队大队

③岗位锻炼活动。

表 3-4 锻炼活动内容

年级	主题	活动目标	活动内容	活动形式
1年级	中队小家务劳动	锻炼自理、自立能力，培养对组织的认同感，共同创造中队良好环境	记载中队日记，建设中队先锋角、知识角、图书角等小阵地	编写队日志、队报；艺术组合与创作；劳动中的分工协作
2年级	服务小岗位的锻炼		人人都有小岗位，个个热心为集体，每个队员自选一个中队服务小岗位，学习一项小技能，现场呈现岗位职责和作用	视频或图片；小岗位职能季要求；集体行动的锻炼；合作分享的实践体验；分享交流行动的感受

续表

年级	主题	活动目标	活动内容	活动形式
3年级	设计中队新标识	增强中队凝聚力，形成团结、进取、温暖的中队氛围，使队员感受集体文化，增强少先队光荣感，提升组织归属意识	自己动手设计中小队标识，开展"我们的标识"活动，组织队员手脑并用进行设计	绘画制作中队标识的综合海报；讨论并撰写中队口号；多媒体演示队员的作品
4年级	学习演奏少先队鼓号	通过观摩集体训练活动，体会少先队鼓号队的感染力和组织纪律性，增强队员的组织观念，在活动中感受到美的熏陶和集体主义教育	观看少先队鼓号视频，学习少先队几组常用鼓点和动作	多媒体光盘演示鼓号队基本曲目；击鼓点的视谱与训练
5年级	管理中队宣传阵地	自己动手设计和管理中队宣传阵地；学习运用现代传媒技术，丰富中队宣传征地	办好中队板报、中队园地；创建中队微博或者公众号；拍摄中队生活短视频	作文、绘画的综合运用；微博、公众号、的作品创作；信息网络的便捷交流

（2）"少年军校"课程

学校少年国旗班成立于2010年6月1日，以"心系国旗，忠于祖国，率先垂范，乐于奉献"为行动准则，弘扬爱国主义精神，增强集体主义观念，提高学生综合素质，加强和促进校园精神文明建设。

承担任务：规范化国旗班是爱国主义教育的实践平台，学生参加少年国旗班，承担着每周一的升旗和每天升降旗的任务，同时肩负着在重大活动及节日、庆典日升旗的光荣使命。

军事训练：每年4月，学校组织四年级全体学生参加为期一周的正规化军事训练。邀请军队教官来当教练，让学生在正规化的历练当中培养意志品质，做一个有精神，有规范，有品格的优秀学生。

(3)"悦心行动"课程

围绕学生的家庭生活、校园生活和社会生活等为基础，引导学生不断提高心智技能，促进自我完善，建立和谐的人际关系，发展健全个性，促进心理健康发展。

活动时间与地点：每周一下午，知心小屋及录课室。

心理主题讲座：①直播前与"知心姐姐"朱虹老师确认主题、班级；②每周一下午班会时间，一个班级参与直播，其他班级通过录播形式观看学习；③课下学生填写《向阳小学心理课程学生反馈表》并上交；④将朱虹老师讲座发言稿、案例指导和学生反馈表制作成册。

"悦心行动"心理咨询：①利用每周一下午的心理咨询日，以学生、家长、教师预约的形式进行个别心理辅导。②追踪心理咨询效果，收集整理学生成长档案。

(4)社团活动课程

社团活动管理：社团制定科学合理的活动计划，每天下午4:00—5:00，在各个专业教室按计划开展活动，并做好记录。学校努力为社团活动的开展创造条件。各班主任要熟知本班参加各社团的学生名单和活动时间，并通过致家长一封信、微信群、家长会等途径将学生参加的社团名称、辅导老师和活动时间告知家长。

活动要求：①社团活动结束后，社团负责人须及时进行记录总结并保留有关资料。②社团公开张贴的各种布告、通知、海报、启事、广告和宣传品等，应按照学校有关规定执行。张贴物须内容真实，字迹端正，纸张整洁且署社团正式名称，以示负责且便于联系。严禁张贴未经批准的各项活动的通知、海报、广告等，严禁使用不文明文字、图画和标志。

社团评价考核：学校每学期末举行社团成果展演，定期进行优秀成员的评选表彰。社团辅导工作量计入评优评先和绩效考核量化范围。

①学校召集社团成员，以问卷调查方式，调查社员对社团管理教师、指导

教师的评价；

②学校召集指导教师、管理教师，对社团成员进行评优；

③学校召集社团成员进行相互评价；

④教导处审核社团资料，包括社团活动记录（文字、图表、图片、影音等）、会议记录、会员考勤记录、活动记录、计划总结等。

表3-5 社团内容及目标

课程内容		参与对象	教育目标
校本节日	体育节（四月）	全体学生	
	读书月（四月）	全体学生	
	艺术节（五月）	全体学生	
	科技节（十一月）	全体学生	
校园社团	小主持人社团	社团人数： 管理老师：1人 指导教师：1人 社团人数：20-40人 学生根据兴趣自主参与，每周活动1次。特长学生上提高班，增加训练每周有一次	给学生一个展示才华的舞台，进行各种文化的熏陶。同时在活动中培养学生团队合作精神，公平竞赛意识，健康的心理，激发学生的爱校热情，提高综合素养
	手工制作社团		
	校园剧社团		
	舞蹈社团		
	合唱社团		
	管乐社团		
	书法社团		
	科技社团		
	体能训练社团		
	轮滑社团		
	短道速滑社团		
	跆拳道社团		
	篮球社团		
	足球社团		
	武术社团		

(5)"合育中心"课程

◆ "合育中心"教育目标

总目标：培养自理自立、心灵手巧、孝亲爱校暖社区的小公民。

分级目标：

初级：体贴爸妈，自己的事情自己做，培养自理好孩子；

中级：关爱学校，班级的事情主动做，培养自立好学生；

高级：情暖社区，大家的事情学着做，培养自强好公民。

◆ "合育中心"教育活动

学校、家庭、社会合育，让学生玩中学、做中学，学生自主选择劳动岗位，分年级有重点开展劳动教育。

①家庭岗位：整理自己学习用具和书包、叠被子、洗碗筷、收拾房间、倒垃圾等。

②校园岗位：清扫卫生区、摆桌椅等。

③社区岗位：擦楼道扶手、车站座椅、橱窗、健身广场器械，清扫楼道等。

④农事基地岗位：学农等。

3. 社区服务和社会实践课程

采用校内外结合的活动形式，根据不同年级学生的特点和需求来进行设计和规划。

(1)社区服务活动课程

学校与属地社区、居委会取得联系，给学生创设参与社会实践的机会，根据各年段学生特点，在居住的社区做些力所能及的事，对学生开展热爱家乡、公民意识、环保等方面的教育。活动内容：公共场所和居民区清洁服务、纠正不规范汉字、帮助孤寡老人等活动。

(2)社会实践活动课程

根据每个年级学生实际，每学年开展社会大课堂实践活动2次。学校德育处负责精心选择活动地点、确立活动主题、安排活动流程、注重延伸教育，形成学校春秋游社会实践活动系列项目。主题：热爱自然、热爱家乡教育、感恩教育、革命历史教育、珍爱生命教育、热爱科学、创新探索教育等。

（三）德育课程工作管理

1. 课程实施保障

（1）健全管理考核评价，提高教师育人能力

学校坚持行政人员听、评课制度和教师互相听课、评课制度。采用"1+4"评价机制，将"一个量化表"和"四方评价（学校、科任教师、学生、家长）"相结合，综合考量班主任工作。注重学生综合质量评价手册的使用，通过自我评价、考核评价和学生评价等方式，组织教学质量评估，促进教师树立育人为本、德高为范的教育观、德智体美劳全面发展的教育质量观、为学生终身发展奠定基础的教育价值观，提升育人能力。

（2）落实"2+1+1+S"工作目标，关注学生全面发展

以学生发展为本，落实"2+1+1+S"工作目标，引导每个学生爱上两个体育项目，参加一项科技活动，拥有一项文艺特长，参与多个实践活动，鼓励学生发展个性，努力成为全面发展、学有特长、具有可持续发展潜质的优秀学生，对取得优秀成绩和做出重大贡献的学生给予表彰与奖励。

（3）拓宽教育资源和渠道，实现家校社协同育人

成立"合育中心"和家长志愿者服务队，发挥家长参与学校管理和服务的意识与作用，加强与街道社区、关工委、离退办的互动，利用社会资源为学校教育服务，拓宽教育渠道，实现学校、家庭和社会教育的有机结合。

2. 课程评价机制

（1）建立形式多样的考核评价机制

每学年对全体教职员工进行全面、公正的考核，每学期对班主任实行业务量考核制度，同时开展"学生喜爱的好老师""优秀辅导员""骨干班主任""紫禁杯优秀班主任"等系列评选活动，表彰德育工作方面表现出色的教师，并在各类评优、评职称活动中优先考虑班主任老师。

学校定期组织年级组长、教研组长开展监督检查工作，由教学处牵头对教师的备课、上课中是否落实德育教育进行检查，并将检查结果作为教师年度考核的一个重要依据。同时，对参加学校"秋实杯"教学展示课、教研组展示课、视导反馈课等公开课，以及参加教育教学论文、案例、教学设计、科研成果等评比的教师予以奖励，并将评比结果列入年度考核的项目之中。

（2）建立"手势礼"检查管理机制

建立"手势礼"志愿者监督检查，有计划、有检查、有反馈，将监督、评比、反馈的职权交到学生手中，让他们积极主动地参与学校的管理，促使行规内化，真正体现学生自我评估、自我教育、自主发展。具体要求：按照《北京市中小学生行为规范》《中小学生守则》《向阳小学"手势礼"文明礼仪评选细则》要求，做到遵规守纪，文明生活，做好表率；每天按时到指定位置上岗，检查记录班级内、楼道内文明礼仪情况，依照《向阳小学"手势礼"文明礼仪教育课间纪律评比细则》进行加减分。要求公平公正，记录详细，字迹工整；按时参加"手势礼"志愿者周例会（每周二13：40—14：10，阶梯教室）；每天统计纪律检查情况，每天向班主任汇报本班检查情况，配合班主任做好班级管理，每周五中午12：30之前将《向阳小学"手势礼"文明礼仪教育记录》上交到学校德育处，分年级摆放。

第四章　课程教学：赋能增效

质量是学校的生存之本、生命之源。课程教学是学校教育的核心领域，也是教育领导的重要方面。教学领导具有深刻的内涵，不仅是对教的领导，还包括学的领导，不仅注重校长的教学领导，还包括教师和学校其他成员对改进学校效能的重要作用，涵盖教师专业发展、学习共同体建设、创新人才培养等方面。因此，学校要对课程教学进行赋能增效，发挥教师和其他成员在改进学校效能方面的重要作用，促使教师和学生得到最大限度的发展。

一、重构"向阳·生长"课程体系，促进课程育人

学校课程整体建设，就是在立德树人教育根本任务与"五育"并举的教育发展战略指导下，基于教育部制定的义务教育课程方案与各学科课程标准，系统化设计学校课程体系，最终实现学校育人目标，让学生全面而富有个性地发展。

（一）学校课程建设背景

落实国家提出的"为党育人，为国育才"。依据国家三级课程体系的总体要求，结合学校办学理念和学生培养目标，根据学生生理、心理及大脑发育特点，重在培养学生的可持续发展的能力，提高学生核心素养，实现学校全面发展与特色发展、学生综合发展与特长发展，为学生未来学习、生活奠定基础。具体而言，学校基于"向阳而生　有爱而长"的两大价值理念，着力培育孩子"阳光、有爱、担当、坚毅"四大核心素养。

（二）学校课程建设目标

学校的课程目标是立足于学校办学理念和育人目标，构建能体现学校文化特色的课程体系，在达成国家"五育并举"育人要求的基础上，实现本校学生个性化品质的培养。学校育人目标是学校课程目标的立足点与价值旨归。在明确清晰的方向指引下，学校课程构建遵循以下三大原则：

1. 指向培养目标

目标是行动的方向，学校一切的课程行为都应该为培养目标的实现服务。依据培养目标，学校课程建设需要构建统一的发展目标并依据该目标，通过探索国家与地方课程的校本化实施、打造精品特色校本课程和创造性具有校本特色的课程项目等，形成一体化的课程体系，最终促进育人目标的实现。

2. 学生个性化选择

让学生发现自己的兴趣与特长，并能以此为基础选择适合自己的课程，对于学生的个性发展与生命成长至关重要。考虑到学生在未来发展中的个性化需求，尽量设计能满足个性化发展的丰富的课程，促成学生的个性化选择，理想的状态是能使每个学生的要求都得到满足。

3. 激发教师内在动力

教师是课程开发与实践的主体，只有将老师的积极性与内在动力调动起来，才有可能真正提升课程品质，在学校构建出符合需求的课程并高质量地得以实施。

（三）学校课程内容体系

学校在"向阳而生　有爱而长"办学理念引领下，确立"阳光·生长"课程体系，这意味着学校的课程像阳光一样滋养着学生的生命，让孩子在阳光下慢慢成长，这是一种充满朝气和生命力的课程体系。

根据牛顿提出的"光学色彩论"，当一束白光通过三棱镜时，它将经过两次折射，其结果是白光被分解为有规律的七种彩色光线。这七种色彩依次为：红、橙、黄、绿、蓝、靛、紫，且顺序是固定不变的。七种色光中只有绿、红、蓝三种色光无法被分解。而其他四种色光均可由这三种色光以不同比例相合而成。于是红、绿、蓝则被称为"三原色光"或"光的三原色"。

基于"课程即阳光"的假设，结合以上"光学色彩论"，基于不同的课程在学生成长过程中承担责任不同，我们以光学三原色为基础，将学校课程分为基础性、拓展性和个性化课程三个层次。三个层次的课程在不同学生身上以不同的方式组合，最后形成孩子的七彩人生。

绿色是植物的颜色，在中国文化中有生命的含义，用绿色代表基础性课程，代表根基与底色，涵养学生身上国家与民族的精神底色，即培养中国人。因此，基础性课程针对国家对学生素养发展的基本要求，通过对国家和地方课程的全面优质地实施来落实国家与地方课程目标，以保证国家对小学教育目标的基础性要求。有利于优化学习内容、激发学习兴趣，夯实学生学习基础。

红色意味着朝气与热情，用红色代表拓展性课程，涵养向阳小学学生的特殊气质，即培养"向阳人"。因此，拓展性课程针对本校学生的共同发展需求与学校办学特色，从国家与地方必须类课程出发，进行知识和能力的拓展与延伸。有利于拓宽学习领域、培养综合能力，奠定终身发展基础。

蓝色意味着理智与个性，用蓝色代表个性化课程，涵养每个孩子的个性，即培养孩子自己。因此，个性化课程是针对学生的个性化需求，设计和开发适合学生身心发展与个性化发展的课程，供学生选择性学习。有利于挖掘学生潜力、培养特长，促进个性发展。

结合当下学校课程的分科实践与不同课程所能培育的学生素养，在每一个层次的课程中，又将课程分为人文与品格、数理与科技、生活与健康、艺术与审美、综合与创新，最后形成学校三层—五类课程体系（具体见表4-1）。

人文与品格类：强调以阅读涵养学生的语言素养，引导学生能运用所学语言得体地进行书面与口头的表达，合理表达自己的意见和观点；来自于学生思想品格和高尚修养的养成。学生通过学习中华优秀传统美德和世界精神精粹涵养自己的内心，形成健康的价值观，提高孩子的人文素养。

数理与科技类：塑造学生观察思考、质疑求证、分析决策的能力、科学态度和科学精神，逐步提升学生的收集、分析和利用信息的能力、动手操作能力、与人交往合作能力，具备一定的用信息技术解决问题的能力。

生活与健康类：使学生树立"健康第一"的理念，养成终身锻炼的习惯，获得运动项目技能，塑造健美体魄和永不言败的意志；具备心理健康的基本方法，培养学生坚持锻炼和关注健康与安全的意识。积极参与各类劳动，提高学生的生活智慧。

艺术与审美类：提高学生的审美情趣和艺术修养，使学生具有敏于感受艺术世界、积极享受高雅文化、大方表现内心情感、乐于参与艺术创造的能力。

综合与创新类：立足于学生科学精神和创新能力的培养，让学生在学习人类智慧与科学精粹的过程中形成批判性思维与科学素养，提高学生主动探究和实践创新的能力。

表 4-1　向阳小学"阳光·生长"课程体系

	人文与品格	数理与科技	生活与健康	艺术与审美	综合与创新
基础性	道德与法治、语文、英语	数学、科学、信息技术	体育与健康、心理劳动	音乐、美术、书法	综合实践
拓展性	阅读课程	超脑麦斯课	轮滑（滑冰）		
个性化			篮球、跳绳、踢毽、跆拳道、武术和轮滑	风筝、儿童画、彩泥、纸工、手鞠球、简笔画、线描、篆刻	

（四）学校课程管理机制

学校课程管理机制的构建，是学校课程建设工作的基本保障，分工明确、运转顺畅的管理机制，使课程开发、课程实施、课程评价等各环节工作在学校的开展能责任到人，落到实处。

向阳小学的课程整体构建由校长、书记负责，整体把握学校课程的未来战略与整体方向。具体而言，不同的工作环节有具体负责人，课程研发由教学处和德育处共同负责，具体的实施者为各课程的研发小组；课程实施由教学处和德育处共同协调，具体实施者为年级组和学科组；课程评价工作，由学校领导、教师、学生、家长共同负责。

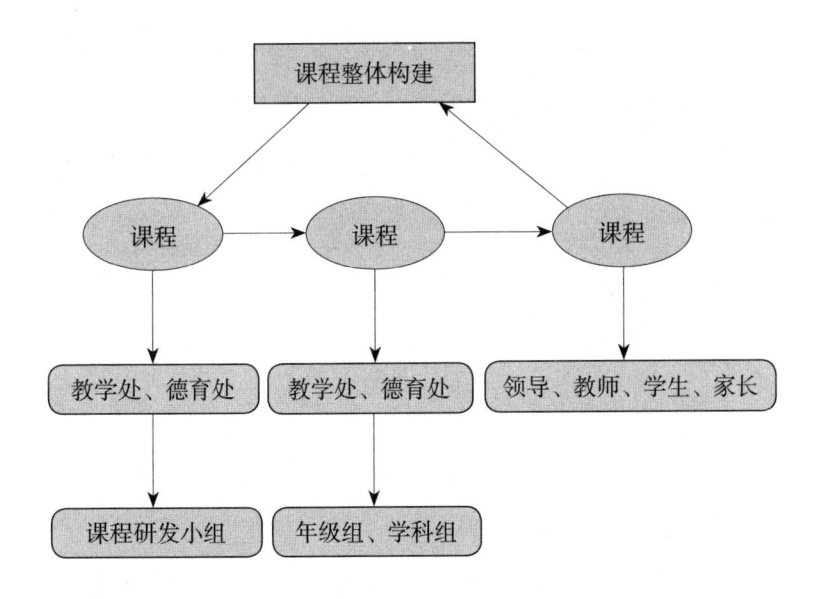

```
                    课程整体构建
                   ↙      ↓      ↘
               课程    →  课程   →  课程
                 ↓         ↓         ↓
          教学处、德育处  教学处、德育处  领导、教师、学生、家长
                 ↓         ↓
          课程研发小组    年级组、学科组
```

二、加强教学团队建设，推进教学课程改革

几年来，我校教学工作在燕山教委的正确领导、燕山教研中心大力支持、学校干部团结合作和广大师生共同努力下，秉承"关怀教育"理念，倡导办有温度的教育，按照"教学管理抓常规、教学改革抓创新、教学质量抓提高、教学团队抓特色"的思路，注重教学团队建设，规范教学常规管理，完善校本教研制度，深化课程改革实验，狠抓教学质量提升。

（一）教学管理抓常规

教学工作是长期的、润物无声的一个工作，"板凳要坐十年冷"，这句话应是对教学工作最好的描述，作为教学干部唯有"静"，才可保持一份清醒，于繁杂中理出思绪，于尝试中找到路径。唯有静下来，有价值的教育才会出现。在安静的校园，教师安静教书才能敬重常识，保持理性思维，既能深刻地思考复杂的问题，又能展示简洁平易的教育风格；教学不折腾，教师不盲从，富有智慧的教师站在讲台，学生才可以安心地学习。因此我校的教学管理工作更加注重工作的落实和发展。

1. 三课联推，四力联练

日常教学我校施行"三课联推""四力联练"教学交流模式，即通过"学期初全员开放课""学期中视导（研究课）后跟踪课""学期末展示（评优）课"来提升任课教师"四力"，即历练教师的教学基本能力、专业技能能力、科研能力和教学活动组织能力。

2020年秋季学期，通过前五周的教学，我校一至五年级已完成全员开放课，每天都有一至两名教师敞开课堂，迎接学校干部、教师的听课交流，在听课中发现问题的课程将会在第二轮开放课中再次有针对性的交流。而在学期中，学校会迎接教委、教研中心的教学视导以及各学科区级研究课，在此基础上及时结合教研员的意见进行视导后的分享，开展视导（研究课）后的反思课，将视导（区研究课）中亮点分享，缺点暴露。在校级展示课平台中与大家再次进行交流；而在学期期末我校会开展教研组赛课，我校每学年第一学期秋实杯赛课已经开展进10年，各教研组推选课程展开全校范围内的交流和学习。从而在学期的各个阶段都能对教师的"四力"进行提升。

2. 观课有角度、反思有途径

我校实行"五看一交流""五反一纪录"听课、反思交流模式，我们坚信如果教师仅仅满足于获得经验，而不对经验进行深入的反思，那么只能成为一个教书匠。而反思，途径非常重要。我校对教师反思提出要做到"五反一记录"：反思课标落实、反思课堂生成、反思教学方法、反思亮点、反思失误、记录灵感。同时对所有观课教师要求做到"五看一交流"：一看教学目标是否明确，二看教学内容处理是否得当，三看教学方法是否科学，四看教学效果是否达成，五看教师基本功是否优良，交流观，努力做到一课深挖掘，一课多用途，让反思教师反思有途径、展示有平台；让观课教师交流有方法、过程有提高。

（二）教学改革抓创新

在2020年的上半年，我们遇到了新冠肺炎疫情，全体学生开展线上教学，虽然现在疫情在我国得到了控制，但随即对教学也带来新的挑战，那就是需要学校教学改革中去探索"混合"教学模式。

我校认为，混合教学不是交叉，不是形式上的混合线下没条件开展了线上开展，也不应是叠加，而应该是整合内容、融合优点。我校提出对课程进行整体设计思路，研究并制定三级课程方案策略：第一级制定学校"混合教学"主题课程教学方案，从教学总目标上进行设计，规定方向，让学科、年级教研组教学有法可依；第二级制定各学科、各年级组"混合教学"教学周计划，通过学科教研团队研讨制定本学科的主题课程阶段目标和实施策略；第三级制定教师每日教学课程实施方案，通过化整为零凸显教师、班级学生个性的具体可操作方案。三级方案分别从学校主题课程教学方案、到教研组线上教学周计划、再到教师每日教学方案，层层细化，既保证学校总的教育教学目标，又为一线教师实际操作提供抓手。

我校采用主题式、模块式教学探索，就是对教学内容深度研讨基础上进行整合重组。本学期初提出，各学科各教研组首先应该认真梳理本学期教学内容的各知识点，通过团队教研对教学内容进行统一规划，哪些内容更需要线下教学，面对面及时发现学生问题进行指导，这些知识要靠前安排学习；哪些知识需要海量素材支撑，或者需要广泛的学生参与，可以通过网络展开交流讨论，这些知识要合理线上转移，充分利用网络资源展开，未雨绸缪！

（三）教学质量抓提高

其实对于小学来说总有淡化考试、没有升学压力的说法，但其实如果从一个长远的角度考虑，小学阶段的教学质量其实就是为初中、高中打下基础，如果小学阶段教学质量不过关学生很难再后续学习中良性发展，因此，我校十分注重学校教学质量的提高，每学期末都会开展各学科的教学质量达标、百词、阅读、计算、解决问题等达标考试把脉教学质量。在这些结果性评价中，我校还十分重视表现性评价。

我们坚信评价是一个重要的导向，这两年我们正在做课程评价改革，像艺术类的我们有新年音乐会、体能类的有技能测试（每年暑假体育老师都是向学生布置体能训练暑期作业的），对于落实国家课程评价，我们也做了一定的校本化实施的尝试，比如语文学科，在传统笔试测试基础上融入多样评价，评价手册采用期末笔试成绩乘以一定的系数、加上写字和阅读的评价分总计100分呈现给学生和家长，目前，我校在英语学科也将同样展开，从听、说、读、写四个方面对学生进行综合评价，在笔试之外增加听和说的评价，数学学科增设实践性作业评价，目的就是通过课程评价去影响课堂教学改革。

（四）教学团队抓特色

我们都知道看一所学校的发展着眼点在学生、着力点在教师、而教师的发展重在观念的转变和教学能力的增强，教师是关键一环，教师强了，下面学生自然强。我校在校长带领下，在践行关怀教育办学思想的基础上在努力探索一条加强教学团队建设，推进教学课堂改革的教学管理之路。

1. 教学干部负责制

校长提出行政班子做事要"四有"：教育要有新理念，管理要有新思路，工作要有新举措，教研要有新方法。每两位教学干部对接一个年级，每位教学干部对接一个教研组。形成1对1、1对2扁平化管理，实行层级负责，深入教学一线制度，每名教学干部每学期听课不少于40节，参加对应教研组活动不少于2次。

2. 教研组长责任制

学校教师多，教学干部直接对接教师抓不全，我校从教研组建设找突破，提出把每一位教研组长培养成中层教学干部的目标，让每一个教研组成为一支支高素质教学团队。

针对教研组长进行业务培训，让教研计划不成为摆设。学期初对学校教学工作计划解读基础上，学科教研组展开教研组计划宣讲，指导教研组长制定好本组的培养计划、组内的推优计划。

对教研组活动实施过程督查，让教研活动不走过场。学校对教研组实行"两定一邀请"和"主题式教研"管理模式，即各教研组要定时间、定地点、邀请教学干部参加教研活动，教研组教研要有主题，有针对性开展，学期中学校对教研组计划落实进行督查，为教研组各种形式教研活动提供支持和指导。

对教研组成果进行表彰，让教研效果不泯然于众。学年末组织教研组开展成果汇报，评选优秀教研组，进行表彰和奖励，对好的教研做法进行宣传，让各教研组能够互相借鉴发展。

3. 教师分层培训制

学校要有人才储备，培养优秀的教学工作者，让每一位教师在向小都能得到良好的培养，让不同层次的教师在向小得到不同的发展。

新任教师成长制度：学校给每位新任教师配备教学师傅，一对一进行教学业务提升并在此基础上推行"师傅共研共促"制度，保障师徒每周互相听评课、外出师徒结对子听课，设立了师徒听课记录本，有效保障指导的有效性。

骨干教师辐射制度：凡被评为校、区、市级骨干教师，实行公开，要求制定年度成长计划、公布年度讲课情况、要求骨干教师关注学科、关注研究、关注活动，让每位骨干教师在学科探索上做研究、在平凡中创新。保障骨干教师在校内有辐射任务、在校外有宣传、展示机会。

优秀教师工作室制度：我校优秀教师资源丰富，两位市级骨干教师都是北京市名师工程学员，还有经验丰富的杨红军老师、别具特色的郝明月老师、骨干班主任郭红娟老师等，我校为杨红军等老师成立工作室，借工作室效应，树立教师品牌，梳理优秀教师教学经验，鼓励教师著书立说。

特色教师带动制度：学校鼓励教师一师多能、一人多功，为身有特长的教师广泛搭设平台，助其成长。比如：组建墨语轩书画社，把有国画、书法特长的教师集中起来开展活动，为他们特色提升提供进一步的支持。学校给这些特色教师搭设平台，现在已经开始合作绘制的扇面、手鞠球等，坚持把特色变成艺术作品，对教师宣传带动搭设平台。还有青年体育教师唐英哲，从小练习武术，学校量才使用，鼓励他根据学生创编武术操，如今武术操已经在学校普及，深受学生喜爱的课间操。

总之，教学的改革是漫长的更应是润物细无声的，我们既不折腾，更不停滞不前，我们坚信教学不折腾，教师不盲从，让富有智慧的教师站在讲台，学生才可以安心地学习。这是我校教学管理的初衷亦是今后教学管理的坚持。

三、完善学科教研组，提高课堂教学质量

众所周知，学校的发展着眼点在学生，着力点在教师，而加强学科教研组建设对促进教师专业发展、推动学科发展提高课堂教学质量有重要的作用。我校提出，把每一位教研组长培养成中层教学干部，让每一个教研组成为一支支高素质教学团队的团队研修目标，对教师发展提出在向阳小学"让每一位教师在向小都能得到良好地培养，让不同层次的教师在向小得到不同的发展"的培养目标。

（一）"三课联推、四力联练"教研组交流模式

日常教学我校施行"三课联推""四力联练"教研组交流模式，即通过"学期初全员开放课""学期中视导（研究课）后跟踪课""学期末展示（评优）课"来提升任课教师"四力"，即历练教师的教学基本能力、专业技能能力、科研能力和教学活动组织能力。

开学初每天都有一至两名教师敞开课堂，迎接学校干部、教师的听课交流；学期中，将视导（区研究课）中亮点分享，缺点暴露，及时结合教研员的意见进行视导后、研究课后的分享、反思课；学期末开展教研组赛课，各教研组推选课程展开全校范围内的交流和学习。

通过三个阶段的教研组课程交流对教师的"四力"进行提升，同时本学期将进一步加强科研能力的培养，推出微课题计划，每个教研组围绕自己本学期、学年的教学内容申报为期一年的微课题研究，建立学校科研课题库，为提升教师科研能力做好基础。

（二）"三定一深入"教研组主题教研交流模式

学校对教研组实行"三定一深入"主题教研交流管理模式，即各教研组要定时间、定地点、定主题、教学干部深入教研组参加活动。学期初公布各教研组"三定"活动情况，针对教研组确定的主题，有针对性开展，教学干部深入教研组参与各教研组计划落实和进行督查，并为教研组教研活动提供支持和指导。

（三）"一课深挖掘"教研组听评课、反思制度

观课有角度、反思有途径，我校实行"五看一交流""五反一纪录"听课、反思交流模式，我们坚信，如果教师仅仅满足于获得经验，而不对经验进行深入的交流和反思，那么只能成为一个教书匠。我们通过一课深挖掘，一课多用途，让反思教师反思有途径、展示有平台；让观课教师交流有方法、过程有提高。

（四）通过打造生本课堂，多视域形成团队教学风格

一个教学团队的发展，一定要有核心的理念，由此才能形成团队教学风格，才能够即使历经人员更迭，精神犹在，品牌不倒。以我校数学教学团队为例，多年来，经历了几代向小数学人努力，一直在传承、探索生本课堂教学模式。

1. 现团队简介

我们的数学团队共有16人，市级骨干1人、区级骨干1人、校级骨干2人；35岁以下7人，36—45岁7人，50以上2人；高级职称，2人，中级职称8人，初级职称6人。无论从年龄结构、职称评定，还是骨干教师分布都形成了雁阵式梯队分布，是一支很有潜力挖掘的队伍。

2. 以"生本理念"凝聚人

通过理念凝聚人、实现自己教育理想的根基。我们不是挣分高低的竞争者，而是一个有教育理想的实践者，我们都是一个小螺丝钉，我们要通过课题研究形成共同的理念，去团结志同道合的人在一起去做一些事情。

在我们的数学课堂上，我们倡导发展学生思维的设计、注重学生生成的交流，这就是我们团队发展的核心，不仅要教会现在的知识，更重要的是要培养孩子以后的思维。要让孩子"用数学的眼光观察世界、用数学的思维分析世界、用数学的语言描述世界"，这是共识，也是我们努力的目标。怎样去实现，要通过谨慎的课前调研和严密的教学设计，这是我们调研问题的一些基本情况、要做到知道孩子在哪？才能引导孩子到哪。

3. 以"课堂生成"历练人

"人磨课，课炼人"在磨课中历练，新任教师融入团队、教研组长就是师傅、教学干部就是师傅，要通过听评课，不断磨炼。包括改教学设计、改稿子都要提供帮助。为了新任教师的进步，落实了"三步走计划"。第一步，榜样示范，先听课模仿。第二步，帮扶助教。尝试自己讲，然后师傅听课指导。第三步，放手历练，去大团队中"三课联推"中历练。在未来，有经历的条件下，准备数学团队每个月开展一次交流课、每个月一个主题，正好是数学的四个维度，通过重点关注课堂生成教师的把握，来历练学生。

4. 以"梳理交流"提升人

团队的成长，离不开反思，数学教师要想进步就要懂得梳理，这样才能够有效帮助自我提升。我们团队做了很多事，比如，我们想引导学生提问题的能力，我们又设计了问题整理集，针对高质量的问题进行重点表彰和交流。这就是学生的问题整理集，包含了问题背景、学生疑问、处理方式、解决方案和学生的实践操作，通过把学生一些有讨论价值的思路集结成册，达到二次交流学习的目的。我们还需要一定的策略对学生提问题的深度加以训练，因此，我们在教学过程后设计了再次提问和调研报告的环节，让学生深化自己所学，比如，啤酒罐明明是圆柱形的，为什么装箱要用长方体，我们的房屋为什么大多数都是长方体形状的？还有针对问题产生的一些调研报告，来解决学生提出的问题。

还有就是梳理案例的形式，形成了三个步骤，首先，通过案例回放，让所有成员了解情况：这是当时五年级授课的一位青年教师，在常态课过程中遇到的一个问题：授课过程中，一个学生算完$5.6×0.4=2.24$，总觉得不对，问起原因是为什么乘法，结果会越来越小了，这个不明白一下在班里炸开了锅。

我们教研就针对案例进行追问和思考，鼓励教师引导学生为什么会出现这样的现象，怎样思考，以及如何进一步引导学生。通过对学生的研究的素材进行分析，比如这节课，我们发现学生的研究主要有两个思路：一类是为什么这个现象，另一类是通过反例来证明。比如，有借助几何直观，形象阐释道理的，也有借助估算，利用区间思想帮助证明的，还有通过枚举法，举例论证的。由此，对小数乘法产生了更进一步的探索。最后，通过总结和梳理，扩大案例的影响力，既能够引导学生，又能够进一步培养教师的梳理能力。

四、设计"主题式"课程，引领线上学习探索

陶行知先生说过，生活即教育，社会即学校。面对突如其来的疫情，我校突破"书本知识是学生全部世界"的认识局限，倡导"课堂不止于学校，学习不止于教室"，让整个世界都可以成为学生成长的教科书，探索疫情之下的线上课程解决方案。在学校统一部署下，结合各年级、各学科的教育、教学实

际，探索出以主题课程引领学习为主，教师导学助力为翼的线上学习模式，通过"云端课程"开启了温馨、高效的"停课不停学"生活，促成了疫情下师生的"非常"成长。

（一）整体设计，探索疫情之下的教学模式

1. 疫情之下，"学"之思

疫情之下，学生不能到校，怎么学？这成为摆在学校教学面前的难题。我校主张进行"主题式"课程教学探索，它的积极意义就在于重整合课程、重实践探究，达到"行以求知知更行"的效果。虽然我们不能像在教室上课那样做到面对面的交流，但是，我们可以引领学生走进生活、深入生活，让学生去发现、去思考、去行动。同时要让学生意识到，走进生活，他们要学习的，不仅仅是书本上的知识、疫情防控知识，还要常存疑问，使学习是带着问题出发，通过搜寻、筛选、分类、整理材料，发现知识间的相关联系，发现知识和生活的联系，最终实现知识的应用。

2. 整体设计，保方向

疫情之下，所有对"学"的思考都需要学校对教学课程的整体设计，我校提出并制定三级课程方案策略：第一级制定学校"停课不停学"主题课程教学方案，从教学总目标上进行设计，规定方向，让学科、年级教研组教学有法可依；第二级制定各学科、各年级组"停课不停学"线上教学周计划，通过学科教研团队研讨制定本学科的主题课程阶段目标和实施策略；第三级制定教师每日教学课程方案，通过化整为零，凸显教师、班级学生个性化、具体化的可操作方案。三级方案分别从学校主题课程教学方案到教研组线上教学周计划，再到教师每日教学方案，层层细化，逐层实施，既保证学校总的教育教学目标，又为一线教师实际操作提供抓手。

3. 两级两线，抓落实

为了"教而不越线"，有效疏解学生线上学习心理压力，学校提出了"整合提质，放缓而行"的教学理念，要求各学科教研组有效整合课程，做到提质同时放缓教学脚步，一步步来，避免学生、家长焦虑。然后确定两级落实机制，第一级是团队教学协调机制，由各学科、各年级教研组长牵头，统一教学进度的组内步调一致的教学机制；第二级是线上教学监督机制，由所有行政干部下沉班级，进而形成时刻把握各班的教学程度的监督机制。

在停课不停学期间，我校还提出了坚持"两个底线"，谨守"四个原则"的教学工作法，即所有任课教师必须坚持对教学内容绝不能刻意拔高和对线上学习学生绝不能放任不管上下两条红线，同时任课教师谨守四个原则：一学生自愿参与学习，教师不强制参加原则；二学生主动反馈信息，教师不强制打卡原则；三学生自选反馈时间，教师有反馈必评原则；四家长自愿参与学习，教师不转嫁评价任务原则。在"两个底线"和"四个原则"基础上，学校教学部门制定教学工作建议，并主动上报学校支委会讨论，形成文件下发教师，对各类违规行为提出提前预警。

在随后的工作中，由教学干部牵头、教研组长主抓推行"把两关守底线"，实现不让一位学生掉队的教学工作目标，"把两关"一个是把好"程度关"，一定时刻关注任课教师教学程度，做好基础层次学习和适度分层的拓展性学习；二是把好"进度关"，时刻关注任课教师教学进度，确保能够按照学校总体教学设计，有计划开展各阶段教学活动，从而真正将线上教学落到实处。

（二）主题牵动，系列课程丰富线上学习

疫情期间，学校进一步明确要严格依据学校主题课程设计思路，结合疫情推动本学科系列课程设计的教学要求，采取以"向阳小学自录经典教程微视频资源"为主，以"向阳小学学生居家作息时间计划"为参本，配以体育锻炼和心理疏导相辅助的主题式课程目标，由学科教师积极组织开展学生的居家主题式学习活动,以保障"停课不停学"期间教学工作顺利开展,学生有效学习、健康成长。

在学校"主题式课程"教学思路指导下,各学科、各教研组根据年级特点持续推进发展。如语文学科推出"阳光悦读"阅读系列主题课程和"墨海扬帆,魅力向小"主题系列课程,从"笔下有责任"到"笔下有生命",再到"笔下有国家"等内容,从习字训练着眼,充分激发学生习字热情,并通过"生命""国家""责任"进行价值观教育;数学学科推出"万物皆可数"系列课程,通过主题课程帮学生建立了从"万物皆可数"到"万物皆数"的数学信念。这一系列课程的开展,让学生感到山高水长都有了度量;英语学科开发了"星多天空亮,人多智慧广"的"趣味英语"系列主题课程;音乐学科开发了"余音袅袅"系列主题课程;美术学科开发了"手绘丹青"系列主题课程;劳动学科开发了"心灵手巧"系列主题课程;科学学科开发了"科学的魅力"系列主题课程等。

我校三年级数学教研组,通过每周一个主题帮助学生梳理知识并进行线上指导,让学生虽然宅在家,但学有法,行有序。

首先,采用公众号推送,学生灵活选择模式。教研组推出自己公众号,每周设计教学主题,这些主题内容丰富,有以原有知识学习梳理为主体的"常见的量"等系列知识梳理课程,通过梳理已学过的时间、长度、质量及实际问题的知识点来巩固知识;也有以"实践探索"为主体的《"探索日历"感受时间的长度》等系列主题课程,注重实践探索能力的培养;还有以"激发数学学习兴趣"为主体的《有趣的"数"》系列主题课程,通过探索丰富学科体系,感受数学魅力。同时,为了让线上指导教学更有实效,减轻家长辅导负担,三年级数学组线上教学资源以"公众号"的形式发送给家长,家长可以根据自身实际情况安排学生进行每天的学习,或灵活选择时间让学生学习,公众号中包含一周的所有课程,不仅可以每天学习,还可以反复学,学反复。

其次,三年级数学教学团队采用多形式并行,提供丰富资源的教学模式,主题课程设计采用教师微课、教学课件、教学参考、学生微讲解、网上微视频相结合的教学方式，多种形式并行，供学生选择最适合自己的学习方式，每次主题课程都能够提供大量教学资源，供学生选择使用。

最后，采用多角度评价，促进反馈有效实施，团队教师通过学生的习题反馈、学生自主讲授习题等方式了解学生的学习情况，对学生进行一一点评，重点指导，答疑解惑，力争在有限的时间内使学生获得最有效的教学指导，给予学生最大的学习帮助。使教学过程随时能够做到防疫"不轻心"，学习"不停步"，在这个特殊的假期里，教师用自己的扎实学识为学生们的学习保驾护航。这一团队开发的《"探索日历"感受时间的长度》主题课程，通过对《年月日》单元知识整体梳理，设计了认识时间、探索时间、探索日历等一系列小主题，让学生能够层层递进开展学习，并在学习过程中能够综合运用多各学科的知识升华自己对知识的理解。这一系列课程还被市小数教研室主任发现，并推荐发表在了北京市小学数学公众号当中供更多的教师学习参考。

（三）课程整合，各年段按梯度层层递进

在推进"主题课程"的线上教学过程中，我们努力做到了各学科、各年段按梯度、有层次地推进，对教学内容进行有效整合。例如，在语文"阳光悦读"阅读主题系列课程中，从一年级的"小绘本，大道理"、二年级的"战'疫'不孤独，语文暖相伴"、三年级的"唱响送瘟神，全民战'疫'胜"，再到四年级的"传统文化'微'讲堂之走近故宫"、五年级的"月寄情思—献给最美逆行者"等内容入手，引领不同阶段的学生在书海中徜徉，针对不同年级的孩子提出不同的要求，设定不同的主题，真正实现差别式教育。再比如，科学学科低年级开展"你好，植物"、中年级开展"小科学大智慧"、高年级制作"新冠病毒模型"了解相关知识，均能够结合学科和学生年龄的特点进行；英语学科talk show主题，让孩子在家里愉快地"用英文聊起来"，低年级简单对话、中年级情景模拟再到高年级为电影配音，各自发挥自己年级的特色。

比如学校数学团队，在第一阶段，教学以引导复习，巩固拓展上册教材

内容为主。在教研员的引领下,大家通过"云端",以"大单元"的方式梳理教材,依据教材知识的螺旋编排特点,对学生进行"巩固+拓展"的复习指导,做到心中有数,并将收获以"万物皆可数"为主题,推出了系列公众号内容,加大宣传,让家长和更多的人了解、分享我们的收获。在"云课堂"学习中,各年级根据学段知识和学生年龄特点,开展了"'数'说疫情""数学课开讲了""数的产生我知道""谁发明了数学符号""数学家的故事""巧算""发现生活中的数学""画数学"等活动。增加学生直播和录播展示,开展师生在线微课互动,丰富的内容、多样的探究方式,学生特别喜欢,收到了良好的云课堂教学效果。

(四)课程融合,以主题搭起学科间桥梁

如果说课程整合是纵向上把知识作联系,那么课程融合就是在横向上把各个学科作联系。在线上学习阶段,我们通过尝试主题课程促进学科间的融合,通过一个主题设计把相关学科聚在一起,同步发展学生的学习能力。比如,我校数学教研组就以"主题式梳理"的教学形式,将教师微课、教学课件、教学参考、学生微讲解、网上微视频等通过公众号来指导学生系统学习,通过主题课程设计还进行全年级的学科融合,如《数字编码》这样的实践活动课,通过一周的整体设计,融入语文、英语等学科知识共同探讨。在这次实践课中,周一我们以梳理编码知识为主,回顾在上一学期数学学习中这部分的知识内容;周二以学生自己查阅资料拓展相关知识为主,培养学生搜集信息的能力;周三以阅读资料交流发现为主,探索数字编码的魅力。比如3.14159的谐音是:山间一寺一壶酒。作业也是留了一串数字,让学生编一个小故事来记忆;周四把语、数、英相结合,通过数字编码知识,制作卡片,尝试英文字母或者汉字偏旁部首重组的活动进行学科融合;周五和周末以小报或视频展示的形式进行整理,优秀作品以公众号的形式进行展示交流。类似这样的主题学习,数学教研组还推出了以轴对称、平移旋转为主的"班徽设计大赛"、以中国制造、中国速度、中国力量为主的"用数学的眼光看世界"以及"探寻日历背后的秘

密""有趣的数系列"等。

通过这样的方式，将不同的知识点、不同学科的内容进行了综合的、有针对性的梳理，并且充分利用公众号的优势，使家长可以根据自身实际情况灵活地选择时间，不仅可以每天学，还可以反复学。

（五）混合教学，对未来教学的思考

在一学期的线上教学中，我们虽然取得了一些经验，但面对小学生自我控制能力尚且不足、线上学习时长的限制，再加之虽然现在疫情在我国得到了控制，但随即对教学也带来新的挑战，那就是需要学校教学改革中去探索"混合"教学模式。

混合式教学，即将在线教学和传统教学的优势结合起来的一种"线上"+"线下"的教学。通过两种教学组织形式的有机结合，可以把学习者的学习由浅到深地引向深度学习。我校认为，混合教学不是交叉，不是形式上的混合线下没条件开展了就转成线上开展，也不应是叠加，虽然线下开学了，还要继续坚持线上平行开设，而应该是整合内容、融合优点。

1. 整合内容，构建适合自己班级的教学结构

我校采用主题式、模块式教学探索，就是在对教学内容深度研讨基础上进行整合重组。在本学期初提出各学科、各教研组首先应该认真梳理本学期教学内容的各知识点，通过团队教研对教学内容进行统一规划，有些内容更需要线下教学，面对面及时发现学生问题进行指导，这些知识要靠前安排学习；有些知识需要海量素材支撑，或者需要广泛的学生参与，可以通过网络展开交流讨论，这些知识要合理线上转移，充分利用网络资源展开，未雨绸缪！

2. 融合资源，发挥各自优势提升学习质量

注重线上线下资源融合，在本学期开展线下教学过程中，作为教师要时刻关注线上同步资源，把空中课堂提供的一些优质资源进行下载，在分类、提炼之后，融入自己的课堂中，为自己的线下教学提供更加丰富的素材。在线下授

课过程中，作为小学教师，要有意识培养学生收看空中课堂的学习方法。从而避免在以后遇到需要线上开展课程时，学生对观看空中课堂的学习能力不足。

3. 加强评估，关注过程和结果及时反馈提升

无论是线上还是线下都需要给予学生及时的学习反馈，基于在线教学平台或者其他小程序开展一些在线小测试是反馈学生学习效果的重要手段。通过这些反馈，让教学的活动更加具有针对性，不仅让学生学得明明白白，也让教师教的明明白白。当然，如果我们把这些小测试的结果作为过程性评价的重要依据，这些测试活动还会具有学习激励的功能。其实，学习这件事既要关注过程也要关注结果，甚至我们应该对过程给予更多的关注，毕竟扎扎实实的过程才是最可靠的评价依据。

生活即教育，疫情亦课堂。疫情这本教科书，让孩子们更好地读懂世界。我们相信，若干年后回顾这场疫情，孩子们的记忆里不仅仅只有"中国加油，武汉加油"的声援，更多的应是在这场战役中，他们心怀家国、志存天下的内驱力形成，尊重科学、独立思考的学习力的形成，五育并举、逐梦成长的生长力的形成！

五、统筹聚力施策，推动"双减"有效落地

我校以《北京市关于进一步减轻义务教育阶段学生作业负担和校外培训负担的措施》文件精神为指引，坚决贯彻落实上级主管部门决策部署，统筹学校的工作安排，综合施策，推进"双减"工作各项任务落实落地，促进学生全面发展和身心健康，切实办好人民满意的教育。

（一）着力抓好课堂教育教学，使"双减"工作落实有底气

1. 认真落实国家课程方案

我校全面贯彻落实《北京市义务教育新课程计划的若干意见》，开齐科目、开足课时，落实两表，即：课程表、作息时间表。在认真落实国家课程和

地方课程的基础上，努力做好国家课程的校本化实施，同时着力开发并实施、管理好校本课程，以各学科课程标准为依据，依托学校"关怀教育"办学思想，加强学校的课程建设，在课程改革中提高我校教育质量，提高教师专业发展水平。

2. 幼小衔接实现零起点教学

（1）秉承"三个坚持"指导思想

我校根据《燕山教育委员会推进幼儿园与小学科学衔接攻坚行动实施方案》目标，深入系统思考小学落实衔接工作，秉承"三个坚持"工作思想，坚持面向全体，坚持家校携手，坚持五育并举，针对学生身心发展特点，积极创造条件，尝试多方面多途径实施"小幼衔接"工作方案，做好课程衔接、习惯衔接、心理衔接，促进学生德智体美劳全面发展。

（2）确立"三个关注"工作目标

一是关注课程设置。充分利用学科课程和校本课程，做好小学教育模式与幼儿园模式的衔接，引导学生了解入学变化，熟识小学作息时间及课程模式，为适应小学生活做好各项准备。《道德与法治学科》一年级上册《我是小学生啦》和《校园生活真快乐》两个单元，教师充分利用这两个单元，结合学习内容帮助学生顺利渡过入学适应期，尽快了解和适应校园生活。我们将劳动课程和整理课程中录制的"入校一日常规""收拾书包""整理书柜""做值日""物品摆放""家务劳动"等微视频转发给新生，从培养学生自己的事情自己做的意识和能力上做好准备，为开启校园生活打好基础。

学校拟根据国家修订的义务教育课程标准，整体上调整一年级课程安排，合理安排内容梯度，减缓教学进度，为推行入学适应教育赢得空间。试行主题教学模式：尝试改革一年级教育教学方式，各学科教研组研讨主题教学方案，有次序逐步落实各项教学活动。构建联合教研制度：准备和对口幼儿园开展手拉手活动，通过教学活动互相建立联系，增强跨段教研，目前已经在9月17日完成第一次幼儿园教师走进一年级交流教学活动。

二是关注习惯养成。我们以培养学生良好的学习习惯和生活习惯为重点，帮助学生解决小幼过渡中的断层问题，共同为学生尽快适应小学做准备。主要是利用家访，增强与家长的沟通。做好班主任培训，让每个班主任都成为"家庭教育指导师"；加强家长培训，以微课程的方式推送，一方面做好陪伴教育，另一方面提升育人能力，监督学生习惯的养成。我们重点落实"学习习惯"和"生活习惯"的培养。我们携手家长，开展"亲子睡前阅读"和"亲子互动实践"等活动，在增进家庭融合的基础上，培养学生兴趣爱好，传承中华灿烂文化。生活习惯方面，我们重在培养学生能"懂规矩，守秩序，讲文明"，我们从两方面入手：一是"手势礼文明礼仪"自我教育。由"手势礼文明礼仪"学生志愿者服务队负责学校文明监督岗，帮助学生规范行为，引导他们在楼道内有序过往，在校园里文明生活，实现自我管理。二是"可视化"教育引导。学校成立"学生文明礼仪监督管理小组"，成员由一年级班主任、年级组长和德育干部组成。值班领导、教师以及学生志愿者每天不定时抽查课间纪律、文明礼仪、物品摆放等情况，发现问题及时与班主任沟通解决，避免学生出现的"小问题"演变成不好修正的"大毛病"。

三是关注身心发展。我们从生活环境、学习环境、学习心理三个方面着手，关注学生入学心理的调试和疏导，减少学生对小学生活的陌生感、恐惧感、神秘感，帮助学生和家长化解忧虑，增加学生对小学生活的向往，帮助学生拥有健康的身心向小学顺利过渡。打造班级文化和环境，创设"有温度的班集体"，尽快帮助学生找到角色定位，有集体归属感。上好"开学第一课"，从学生心理需求入手，帮助学生树立自信，解决好学生与同学的关系，与教师的关系，与学习的关系等。解决新生及家长在刚刚入学时的心里不适应，做好心理疏导和帮助。

3. 严控教材、教辅材料的使用

为了进一步加强教材、教辅材料管理，确保选用教材、教辅材料价值导向正确、内容科学,我校每学期都会展开教辅材料核查工作,确保教辅材料符合社会主义核心价值观、确保教辅材料仅用于校内分层辅导学生使用。

4. 夯实课堂教学,提升教学质量

为进一步夯实课堂教学质量,我们坚持研修提质的思路,加强年级间教研,建立大的学科体系研修建设,开展学科研修共同建设。

(1) 以"生本理念"凝聚人,启动了"微课题"研究计划

在课堂上,我们倡导发展学生思维的设计、注重学生生成的交流。不仅要教会现在的知识,更重要的是要培养孩子以后的思维。我校启动了"微课题"研究计划,各教研组均提交了"微课题"研究意向书,区科研室为进一步推动"微课题"研究做指导,后续科研口继续推进,力争"十四五"时期课题研究从数量到质量均有突破。

(2) 以"课堂生成"历练人,推进了"主题教研"研究计划

"人磨课,课炼人"在磨课中历练,教师融入团队,教研组长就是师傅、教学干部就是师傅,通过听评课,不断磨炼。例如,数学研修团队推进了数学"四大领域"研究计划,通过各教研组聚焦不同的领域,进行深入的研究,串起整个大学科教研组。年级教研组通过单元横向整体设计和各年级纵向知识联系的形式展开研讨,借此实现教研组对知识整体构建,并达到每月弄清一个大知识点的团队研究目标。

(3) 以"梳理交流"提升人,提出了"行远自迩"学习计划

团队的成长,离不开反思,教师要想进步就要懂得梳理和交流,这样才能够有效帮助自我提升。我们提出了"行远自迩"学习计划,学校为每个教研组都配备了专业杂志与书籍,通过每天阅读这些教育教学杂志书籍,获得给养,并结合自己工作梳理交流学习感悟,进一步提升专业素养。

5. 探索"互联网+基础教育"教学策略

我校通过提升信息化教学设施,助力智慧教育打造,配备较为完善的信息化教学设备和软件平台;借助信息技术赋能,实施生本课堂教学,让学生充分参与到课堂教学中来;发挥各学科教研组的特点,以课题为抓手,以点带面,探索技术与课堂深度融合的教学策略;着力研究如何借助信息技术有效活跃课堂氛围,从而使学生更加激情洋溢地投入到教学中,构建高效课堂;利用信息技术优势,开展教育教学评价:结合北京市综合素质评价网上应用平台,在各班建立综合评价应用系统,为每个学生创建电子成长记录袋,及时评价学生的表现;综合利用信息手段进行学情分析,根据需要合理选取评价工具,如电子档案袋、概念图等。用任务单、回执单、评价量表等技术工具收集学生的学习信息;利用大数据分析,对学生进行学业水平分析,帮助学生系统了解自己的优势与不足,更好定位自己的学习目标,为学生的成长奠基。

6. 科学落实教学常规管理

我校努力发挥好作业育人功能,布置科学合理有效作业,帮助学生巩固知识、形成能力、培养习惯,帮助教师检测教学效果、精准分析学情、改进教学方法,促进学校完善教学管理、开展科学评价、提高教育质量。我校严控作业总量:设定了由学校主导、教研组统一、班主任协调的三层防控机制,确保学生书面作业不超量;我校创新作业类型:根据学段、学科特点及学生实际需要和完成能力,合理布置书面作业、科学探究、体育锻炼、艺术欣赏、社会与劳动实践等不同类型作业。鼓励布置分层作业、弹性作业和个性化作业,科学设计探究性作业和实践性作业,探索跨学科综合性作业。切实避免机械、无效训练,严禁布置重复性、惩罚性作业;努力提高作业设计质量:我校要将作业设计作为校本教研重点,系统化选编、改编、创编符合学习规律、体现素质教育导向的基础性作业。提高自主设计作业能力,针对学生不同情况,设计作业,根据实际学情,精选作业内容,合理确定作业数量,作业难度不得超过国家课程标准要求。

我校设有听评课制度,对学校干部教师听课数量具有明确要求,同时,对所有听课教师要求做到"五看一交流":一看教学目标是否明确、二看教学内容处理是否得当、三看教学方法是否科学、四看教学效果是否达成、五看教师基本功是否优良、交流观点。同时对授课教师提出"五反一记录"：反思课标落实、反思课堂生成、反思教学方法、反思亮点、反思失误、记录灵感。努力做到一课深挖掘，一课多用途，让反思教师反思有途径、展示有平台；让观课教师交流有方法、过程有提高。

我校严格遵守北京市关于小学考试要求，不在校内单独进行考试，全部按照区教研中心进行统一测试，同时坚持做到考试成绩等级制，决不给学生排名次。

我校打造开放式阅读区，推进"百本图书进班级"，积极推进阅读工程，各年级根据阅读目标确定必读书目和自选书目，指导学生进行阅读，满足了学生的阅读需求；学校还与燕山图书馆携手，发挥图书馆的资源优势，组织学生进行"书香之旅""阅读课堂"等为主题的阅读体验活动，培养学生的阅读习惯；学校还以"小学语文中高年级名著阅读教学策略研究"为课题，将阅读作为科研课题进行研究，教师们在探索、实践、反思过程中，让阅读意识深入到头脑中，更好地规划自己的阅读教学。

（二）加强作业统筹管理，使"双减"工作落实接地气

"双减"背景下作业"减负"既是减轻学生生理表象的负担，也是舒缓学生心理层面的压力，具有多重积极意义。我校通过"三级作业统筹管理"模式的探索，即强化学校学科核心团队作业设计全面规划、年级教研组作业整体设计、任课教师班级作业灵活调整的三级作业管理模式，让作业在符合学校学科发展目标的整体规划、要求框架下，保持年级教研组在作业总量、作业内容设计统一的基础上和各学科任课教师能够结合本班学情灵活调整的基础上发展班级特色，努力践行控量提质的作业统筹管理模式。

1. 整体规划，有序推进

（1）统一思想、展开探索

学校对"双减"工作的整体设计、推进极为重视，在本学期暑假前即成立

了由魏惠萍校长、孟勤书记负责的"双减"工作领导小组，整体规划学校"双减"工作的方方面面。本学期开学以来，在校长推动下，学校进一步组织两次主题专项研讨，交流"双减"背景下作业设计的思考与成果。在开学之初，于8月30日组织各年级组围绕"双减"政策，谈看法，想措施，在此会议基础上，学校展开作业设计探索实践。在践行一个月后于10月9日，再次围绕作业设计展开交流，对一个月以来的各组在作业上的探索进行优化和改进，使作业充分发挥其功能。这次活动分两个阶段展开：第一阶段由我校青年教师李瑶和隗爱骐分别进行了主题发言：李瑶老师围绕《优化作业设计 促进学生发展》这一主题从政策解读、课内作业设计、课外作业设计和家校协同四个方面开展了经验交流分享；隗爱骐师以《打破传统建设作业超市》为主题从不同角度介绍了计算训练、实践作业、分层作业的案例。第二阶段，各教研组就近一个月对作业设计的内容和形式展开了交流，各教研组提出了"双减"背景下，作业设计、完成遇到的困惑，并分享了有效的做法。

（2）三级管理、统特结合

"双减"之下，所有对"作业设计"的思考都需要学校对学科整体教学课程的整体设计和学科教研组研讨下开展，我校提出并制定三级作业管理模式：第一级学校学科核心团队整体引导，由各学科教学干部牵头，依托学科备课团队，从教学总目标上进行设计，根据学科特点规定方向，让学科、年级教研组具体作业设计整体有方向；第二级学科年级教研组统一，由学科年级教研组长牵头、每单元展开具体分析、组内设计研讨后的统一作业模块；第三级由任课教师结合本班学情，在教研组统一作业模块基础上制定班级内的学科作业。最后通过学校作业公示制度，由班主任协调当天各科作业总量实现整体上的控量提质。

（3）控量提质、重在设计

在整体设计和两次研讨基础上，学校肯定前期作业设计管理上的有效措施，也对进一步改进作业设计提出了要求。一是作业布置要在设计上下功夫，要设计有效、精炼的题目；二是要在分层作业上下功夫，要根据不同知识点、不同班级、不同学情开展作业分层设计，合理开展分层练习，提升教学效果，满足不同学生的学习需求；三是在家校协同上下功夫，要加强沟通、争取支持上，共同完成对孩子的学业水平提升。

2. 统特结合，控量提质

（1）固基作业，整体推进

把作业设计融入日常教学，探索单元整体教学背景下的作业设计，是学校学科教研组的一次尝试，年级教研组将某一单元的知识点进行整合，然后构建较为完善的知识体系，开展综合性、系统性教学，进而围绕单元设计整体的基础作业，在全年级整体推进。教研组将学科单元有关内容彼此链接、相互整合，是彰显学科体系、落实课标要求的重要途径，而教研组通过对单元课程的整体设计，不仅是将单元内知识进行整合，而是纵观整本教材，将其中的知识以同一主题进行教学整合，这样更便于学科整体设计和相关内容的基础作业，巩固学习基础。

（2）实践作业，探索推进

通过一系列活动设置，将课内与课外资源、学科与学科资源进行有效整合，学科教师根据自己班级的学情，在统一完成教研组固基作业基础上，开展实践作业，彰显班级特色，实践作业时间不固定，可能一两天、也可能一两周，通过复习巩固、查阅拓展、实践探索等活动设计环节，让学生经过观察、学习、记忆、创造等方式，进一步体会相关"知识"，发展班级特色。实践活动设置，能够打破学科界限，实现学科融合，让学生深切体会数字编码在生活中的应用广泛性，从而提高学生学习数学的兴趣与积极性。

（3）创新作业，特色推进

新背景下，提升作业质量，不应仅是作业设计，更应该是重视学生自身素养的提升，我校在固基作业、实践作业基础上，提出了班级、学科的创新型作业，基于学科教师能够依据学情特色推进班级作业的机会，比如，数学学科通过"问题意识"的培养，引领学生进行自主学习，能够进一步激发学生学习的热情和探索能力，以小学数学三年级中的"年、月、日"为例：在学习开始前，同学们先观察了2021年的日历，发现了很多感兴趣的问题，随后同学们又去观察了近几年的日历，自主发现原来在每天都见到的日历里还有这么多有意思的知识。比如：一年中有大月、有小月、有平年、还有闰年。可是为什么会有这些安排呢？带着这样的疑问，同学们自主展开探索。最后，同学们把这两天发现的问题和讨论的题目绘制成了思维导图或数学小报，里面的内容包罗万象。有些同学为了让大家更加了解年月日的知识，还对这一问题录制了讲解视频。通过这一周的探寻，同学们对年、月、日的知识有了很多的了解，学生还亲手制作了月历。

这类带着问题发展出的自我探索作业，既将学生发现和提出问题作为学习目标，又将发现和提出、分析和解决问题作为学习的途径，从而激发学生的学习兴趣和自信心，促进学生创新意识的发展，提高学生发现和提出、分析和解决问题的能力，从而使学生逐步开展自我学习。

3. 有效辅导，分层推进

（1）学科联动，面向全体学生

学校每天下午4：20—5：30规划出70分钟，用于班级内教师辅导作业、学生温习课程和预习新知的时间。由学校教导处统一安排班级辅导课表，辅导过程中由课表中负责教师进入班级负责班级整体情况，同时学科间实现联动，再由班级任课教师走动起来，能够在这段时间内分别到自己教授的班级内辅导作业，帮助学生解决作业中的问题。

（2）骨干引领，面向有需求学生

面对学生疑问，教师应深入了解学生的学习情况并进行分析和分类，根据不同学生采用不同的指导方法。我校通过进一步发挥骨干教师教学业务辐射作用，由我校各级学科带头人、骨干教师牵头面对全体学生开展跨年级答疑工作，对有需求的学生敞开课堂，让学生自主选择教师，展开了针对性的答疑活动。

（3）依修团队，面向有兴趣的学生

培养学生发现问题、提出问题能力和质疑精神是进一步培养学生核心素养的重要举措，我校依托学校研修团队，由教学副校长牵头开展了巩固类课程试点，每周五定期开展活动。研修团队针对学生现阶段所学知识设计和生活相关的实际问题，以此巩固学生所学，同时依托我校引进的《超脑麦斯》思维课程，同期开展玩中学的系列数学活动。

教育是民生之基。"双减"政策落地带来了我国教育领域的重大变革。在这样的历史时刻，作为一名小学教师和教学管理工作者当以此为契机，以改革作业设计为抓手，控量提质，创新增效，继续探寻小学作业的优化改革之路，助力基础教育的良性发展。

（三）着力抓好课后服务升级，使"双减"工作落实聚人气

多年来，我校在各级领导的指导与支持下，在全校师生的共同努力下，积极践行关怀教育，努力培养"懂得爱人也值得人爱的健康、智慧的学生"。2015年，北京市教委下发了《关于在义务教育阶段推行中小学生课外活动计划的通知》后，为了全面贯彻和落实该"通知"精神，切实减轻学生课业负担，满足学生全面发展和个性化需求，全面提升学生综合素质，让学生在课外活动中绽放笑脸，我校凝聚集体智慧，进一步明确了"2+1+1+S"的工作目标，即：让每个学生爱上两个体育项目，参加一项科技活动，拥有一项文艺特长，参与多个实践活动（S），并把这项工作当成学生素质提升工程来抓，积极开辟课外活动园地，为学生幸福生活奠基。"双减"后，学校积极推动课后服务的转型升级。

1. "双减"前课后服务的实施

（1）多方携手，落实课外活动课程

北京市教委《关于在义务教育阶段推行中小学生课外活动计划的通知》

要求：课外活动安排应形式多样，丰富多彩，活动内容与形式应与课程方案设置、学生综合实践活动，以及"每天锻炼一小时"有机结合，通过政府"购买社会服务"的形式，开展体育、文艺、科普等形式多样的社团活动，从而培养中小学生在体育、艺术、科技等方面的兴趣和素养，进一步推进中小学生素质教育的全面实施。

在该"通知"的指导下，我校积极与地区教委、少年宫等上级单位联系；与轮滑、跆拳道等体育培训机构联系；与社会大课堂资源单位联系；与本校有艺术特长的老师沟通，多方携手，共同商讨，采用"四个结合"的形式，在全校共有的5个年级29个班级中，开设了26门课外活动课程。

一是长短课结合。这其中既有活动时间为一个小时的跳绳、硬笔书法、软笔书法等短课程，也有活动时间为一个半小时的科技模型、电子技师、单片机等长课程。

二是大小课结合。大课指的打破班级界限，采用"双向选择"组合而授课的合唱、校园剧、管乐团、英语角等，小课指的是按班级授课的围棋、纸艺、手工制作、科技活动等。

三是校内外结合。这其中有校外专业团队来授课的彩泥、科学探索、紫砂陶艺等课程，也有校内教师指导的儿童画、塑描、足球等课程。

四是普及与提高结合。轮滑、跆拳道等学校的特色课程，采取了普及班与提高班相结合的形式，既注重在体育、艺术、科技等方面培养学生的兴趣和素养，也希望能够发展学生在这些方面的特长。

（2）检查评价，提升课外活动实效

曾经有人说："体育靠比赛，卫生靠检查，教育靠督导。"由此可见，检查评价贯穿在教育教学工作中的每个环节，课外活动的开展也离不开检查评价。

我校在推进课外活动的过程中，将其纳入到了学校的整体工作中，成立了由校长任组长、教学副校长任副组长、中层干部任组员的课外活动工作领导小组，全面组织推行课外活动计划；制定了行政领导"二对一"工作制度，即每天有两名行政领导负责检查课外活动课程的开展情况，对授课教师是否准时开课、组织是否有序、学生参与状态如何等做到心中有数，并在每周的行政例会上反馈检查情况，对做得好的教师及时表扬鼓励，对存在问题的教师及时与负责人沟通，以利其改进；校外教师授课的每一门活动课程，都有专人负责，校内教师授课的活动课程则由教学干部负责；要求每位授课教师要有课外活动课程计划、教案等相关材料；并通过评选"优秀课外活动教师"等活动，增强授课教师的责任心，激发授课教师工作积极性，从而保证并努力提升课外活动实效。

（3）创新深化，打造课外活动品牌

轮滑运动一直是学校的传统项目，轮滑队曾在2008年奥运会、2009年国庆六十周年、2013年天安门万名青少年文体展示、纪念奥运五周年等大型活动中进行表演。学校在普及的基础上，通过开设提高班的形式，保持并突出轮滑运动。提高班的学生们参加全国、全市比赛都取得了可喜的成绩，轮滑这一品牌特色得到彰显。

学校在推行课外活动计划的过程中，在上级部门的支持下，在保持传统项目的基础上，不断深化创新，开设了"紫砂陶艺"课程，在弘扬传统文化的同时，培养学生的审美能力；组建了"向阳花"管乐团，仅仅经过不到半年的训练，学生们已经能够在升旗仪式上吹奏国歌，将爱国教育落实在了行动上；开设了围棋、英语角等课外活动课程，拓宽学生视野。

（4）汇报展示，亮出课外活动成果

在大家的共同努力下，课外活动开展得有声有色，活动成效逐步显现。学校积极搭建了多个展示平台，让学生们亮出课外活动成果。

学生们在学校体育节上进行精彩的跆拳道表演以及动感十足的轮滑表演，赢得了在场师生、家长的阵阵掌声；师生们参加的燕山地区"看我72变"学生创意表演展示活动，经过创意策划、报名选题、道具服装制作、演员排练节目、2次录制小样、央视导演组筛选、现场比赛打星等多个环节，以优秀的创意和幽默风趣的表演赢得了嘉宾和现场观众的赞赏与肯定，并得到了到央视参加节目录制的机会；参加模型构建、航空模型比赛等也激发学生参与活动的积极性；而2015年年初，我校通过在燕山影剧院隆重举行新年文艺汇报演出的形式，展现课后活动成果，展示学生才艺。演出现场外，书法、纸艺、彩蛋、手工等多个课外活动课程的学生作品展板，吸引了众多家长驻足观看欣赏；演出现场内，管乐团演奏的《中华人民共和国国歌》《中国少年先锋队队歌》威武雄壮，震撼了全场；舞蹈团孩子们表演的壮族舞蹈《山水间》，舞姿优美；跆拳道表演《功夫小子》体现了力量与艺术的和谐；由学校教师创作、师生共同表演的情景诗朗诵《师生情》，很好地诠释了师生在关怀文化引领下美好的师生情感；校园情景剧《我要上头条》，利用校园小记者的视角，展示了巧巧手、英语、街舞、足球等多个课外活动课程的成果。学生们专注的眼神、创意的表达、绽放的笑脸都给大家留下了深刻印象。

2. "双减"后课后服务的转型升级

（1）科学合理安排"校内一小时体育活动"

我校通过"加强体育课教学管理、丰富大课间活动和体育赛事激励全员体育"三个层面来安排"校内一小时体育活动"。一、二年级每周5节体育课，由3节体育素质课（体育教师负责）和2节特色体育课（外聘教师负责）组成；三至五年级由每周3体节育素质课加2节体育类课外活动组成的形式，实现每天1节体育课。我校通过上、下午结合的方式保障学生每天在体育课外还有一小时体育活动。大课间内容安排体现年龄特点，适合季节变化的体育活动；形式上，采用全校统一操作和班级特色操作相结合的方式。上午由体育老师组织，集中开展全校统一的体育活动，包括广播操、自创武术操、趣味活动、冬季长跑等。下午聘请校外教师结合校内教师开展跆拳道等特色活动；时间安排是，8:00—8:30开展30分钟集中体育活动，下午两节课后，开展40分钟特色体育活动。针对天气原因造成无法开展室外活动的，由体育老师和班主任开展室内体育活动，如：室内拉伸操。同时，通过体育赛事激励全员体育，春季有春季运动会、秋季有跳绳、踢毽比赛、平实还穿插一些班级足球联赛等，形成体育老师负指导责任、班主任老师负组织责任、任课老师积极支持学校体育活动的局面。

（2）提供丰富的升级后的课后服务

我校努力提升课后服务质量，坚持学生、家长自愿原则，开展课外活动。服务学生范围1052人，达到100%，参与辅导教师80人；答疑类工作，由我校市、区级骨干教师牵头开展，时间安排在每天下午4：20—5：30，相关5位教师建立答疑台账；巩固提高类活动由我校教学副校长牵头开展，时间安排在每周二下午4：20—5：30。

一是结合课外活动，面向全体学生。我校身处石化区，肩负为石化企业服务的责任，一直在坚持开设课外活动、延时服务等工作。目前，我校在原课外活动基础上，每个班级开展学科类辅导工作，形成了课后学科服务和丰富课外活动相结合的局面，课后学科服务由班级任课教师开展，覆盖面广，针对性较强。再结合课外活动以达到学生自由选择和整体上达到延长学生在校时间、解决家长接学生难、缓解学生学业负担的预期目标。

二是骨干辐射引领，面向有需求学生。我校通过发挥骨干教师教学业务辐射作用，由各级学科带头人、骨干教师牵头面对全体学生开展跨年级答疑工作，对有需求的学生敞开课堂，让学生自主选择教师，展开了针对性的答疑活动。

三是依托研修团队，面向有兴趣的学生。我校依托学校研修团队，由教学副校长牵头开展巩固类课程试点，每周五定期开展活动。研修团队针对学生现阶段所学知识设计和生活相关的实际问题，以此巩固学生所学，同时依托我校引进的思维课程，同期开展玩中学的系列数学活动。

（四）着力抓好配套措施跟进，使"双减"工作落实顺心气

1. 落实均衡分班与师资配备

我校坚持"公平、公正、公开"、男女生比例均衡、"平均抽签、均衡分配"的原则，由校长主持指导，教务处组织实施，社区代表、家长代表协助监督,新生班主任参与,完成一年级新生均衡分班;在师资配备上,根据任课教师业务水平、个性特长、年龄结构、综合素质等情况,综合考虑、合理搭配,均衡配置各班师资。重视优质教师资源的均衡分配,体现和尊重每个学生享受优质教育资源的公平权利,不允许薄弱教师同教一个班级。

2. 因地制宜做好手机管理

为了维护学校良好的教育教学秩序,更好促进学生身心健康,根据教育部《关于加强中小学生手机管理工作的通知》的文件精神,结合我校实际情况,制定学生手机管理制度。原则上学生一律不能带手机进校园,凡因特殊情况确需携带手机的,须经家长同意,书面申请并填写《申请书》,经班主任签字同意后报德育处审批。学生进校后将手机存放到班主任老师处,放学时由班主任返回学生。学校将各班学生手机的管理纳入班级考核。

3. 积极开展"三会一队"活动

(1) 组织教师学习研讨,领会"双减"文件精神

我校分组进行了《北京市关于进一步减轻义务教育阶段学生作业负担和校外培训负担的措施》的学习,并在各行政组在前期学习、交流、研讨的基础上,结合本组绘制的思维导图,由每组派代表,在全体教师会上谈谈对"双减"工作的理解及相关做法,在提高对"双减"工作认识的基础上,明确工作重点。

(2) 抓好班主任队伍建设,促进班主任工作稳重求进

为有效促进班主任工作,分享工作中的成功经验,提升管理能力,我校开展多种形式的班主任培训活动。一是做好日常工作,给自己"充电"。学校要求班主任做好家访工作,认真研读《中小学班主任常见疑难问题解决方略》等书籍,主动转变思想,学习心理教育方法,积极开展德育课题研究,帮助学生和家长,更好地开展家庭教育工作。二是打造有温度的班集体,构建班级文化发展。围绕"有温度的教育"办学理念,打造"有温度的班集体",抓好班

风学风建设、抓好文明礼仪教育、加大班级文化建设、做好家校联盟，努力培养学生班级归属感、集体荣誉感，让班级不仅有特色，更要有发展。三是借助《家庭教育指导手册》，寻找家庭教育的切入点。通过遇到的问题，结合书中的策略和老师们探讨解决方案，交流如何构建一条通往学生心灵深处的途径。四是开展"班级管理方法及策略"交流，提升班主任管理艺术。我校骨干班主任用案例的形式分享了班级管理中的一些常见问题的处理方法及策略依据，有效调动了班主任参与讨论交流的积极性。

（3）成立家长学校委员会，促进家校"共同育人"目标

为进一步推进家校"共同育人"目标，促进学校和家庭的和谐沟通，我校成立"向阳小学家长学校委员会"并开展一系列家长委员会培训工作。通过开展"携手让教育更温暖"家长委员会议，明确了家委会工作的任务、职责、权利和义务等，阐述了学校在"关怀教育"理念下做"有温度的教育"的办学思想；通过开展"家校共育 携手同行"年级家长会，与家长们一起了解家庭教育中存在的教育思想不统一、保护过度与角色缺位、包办代替等现象，指导家长培养学习力强、懂规矩、内心强大、有爱的能力的阳光少年；通过开展"读懂孩子 家校合育"家长学校培训会，解读当前的教育困局，给出家庭教育关注点及建议。

（4）坚持"立德树人"，加强少先队阵地建设

在"双减"工作大背景下，以特色"学生社团"为载体，进一步提高少先队员组织能力，在培养学生特长的同时，激发学生的创造力和团结协作的意识，增强集体的凝聚力；开展"手拉手"友谊班活动，促进学生间的融合，培养学生间互帮互助，主动合作的意识；开展"我爱我新家"活动，使学生懂得爱校如家，爱惜校园里的一切事物；加强养成教育，让学生懂规矩、守纪律；开展党史、队史教育以及"强国有我 争当新时代好队员"主题活动等，强化爱国主义教育；组建少代会、发展新队员，逐步完善少先队建设。

4. 持续做好学校安全、疫情防控常态化工作

（1）防控结合，做好平安校园建设

明确责任分工落实。学校领导对"平安校园"工作非常重视，将"平安校园"工作作为学校总体工作的重要组成部分，并列入学校的议事日程。专门制订了计划，努力做到教育在先，预防为主，成立了由校长亲自挂帅的领导班子，副组长由分管安全的副校长担任，领导班子其他成员包括办公室、教导处、总务处和各年级组的负责人，实行一把手亲自抓，分管领导重点抓，教务、后勤等职能处室具体抓，形成了职责明确、协调配合的组织领导机构，确保校园安全工作扎扎实实地得到深入开展。

加强门卫和值班制度。学校实行24小时值班制度。通过"8+N家校合作"模式进行推进，即每天由2名中层干部和3名任课老师进行值周，检查学生的纪律。对学生规范、安全入校护航。3名保安时时站岗守护，不准社会上的人或车辆随便进入校园，不准学生私自出校门。另外为了缓解门口的交通拥堵导致的安全隐患，每天还有多位家长志愿者在门口等待送孩子的车辆，护送孩子送校门。

加大联防管理力度。学校聘请燕山迎风派出所警官担任学校的法制副校长，同时协同属地综治、派出所、交通大队等部门抓好安全法制教育和治安综合治理工作，做好校园内外的环境整治，努力营造和谐校园、和谐周边环境。做好三个结合：一是对内与对外宣传相结合；二是学校自治与辖区综治相结合；三是集中整治与长抓不懈相结合。按照统一部署，加强警校共建和联动，深入贯彻落实各项措施，全力清查和解决学校及周边存在的安全隐患问题，根治危及师生人身安全的问题。

（2）各尽其职，做好疫情防控常态化管理

为科学有效预防和控制学校传染病等传染病疫情的爆发，切实做好安全防控工作，结合学校实际制定了《向阳小学疫情防控工作方案》《向阳小学新型冠状病毒肺炎防控工作方案》《向阳小学核酸检测流程方案》以及《向阳小学

应对传染病发生措施》。本着"以人为本，预防为主""班主任、科任教师相互配合，群防群控""集中检查与平时跟踪监督管理相结合"的原则，在全面做好宣传教育的基础上，落实"每天进行晨午晚检、有传染病症状及时上报、专人负责登记、公共场所专人负责清洁消毒"等要求，并由行政干部每天进行巡查，提高全体师生及家长的卫生防护意识和自我保护能力。

5. 不断完善校内教育教学设施

我校自2011年9月迁入抗震加固后的新址，校园面貌焕然一新，学校建设全面升级。整个校园充满活力，1000多平方米的轮滑场地、300多平方米的风雨操场、小型的篮球活动区以及200米的田径场都是师生尽显矫健身姿、强健体魄的乐园；明亮的教室、舒适可调节的桌椅、齐全的教学设备、特色鲜明的专业教室、可容纳近220人的小型报告厅等浸润浓厚的学习氛围，是教师发展、学生成长的学园。新生入学后，免费给学生配备服装（自今年9月开始，学生服装改为由家长通过网络平台自主办理，在线支付）；学校有自助食堂，能够为学生提供可口的饭菜，努力做到荤素搭配，营养均衡。

学校以关怀教育为主题，秉承"移步育人"的理念，在厅、廊、台阶、运动场等周边墙面、地表，以儿童喜爱的方式，彰显关怀文化元素，使校园成为独特的"博物馆"。分楼层建设了关怀教育空间、"五项关怀"长廊、学校风采长廊、建设了关怀文化浮雕墙、主题墙，体现了关怀教育的内涵。而轮滑运动主题墙、国旗教育展室、升旗墙的设计与建成，更是突出了学校的特色，在赏心悦目的同时，有助于陶冶情操，塑造美好心灵。师生在脚步的移动中感受着文化的魅力与熏染。

在今后的工作中，我校将继续秉承关怀教育办学思想，从教育需要出发，踏踏实实做事，扎扎实实推进，让管理效果体现在教育教学工作中，努力提升教育教学质量，努力成为老百姓身边的好学校。

第五章　教师团队：激发内驱

文化软实力是一个组织不可复制的核心竞争力，也是这个组织可持续发展、基业长青的根本保证。能够凝心聚力，是组织精神力量的源泉，能促进整合，成为打造和谐团队的纽带。在这个组织集体中有着共同的目标，组织成员各自发挥着自己所擅长的才能，产生1+1>2的能量，从而达到共同的目标。大家都可能不是全能，也不需要是全能，只要你发挥出你所擅长的，一个团队里所有事都合作完成。没有完美的个人，但可以有完美的团队。总之不要为自己的短板去烦恼，团队里，你的短板会由擅长的人去填补，而你发挥好你所拥有的天赋（可能是别人的短板）就可以了！最终不断产生知识积累，进而凝聚了组织的核心竞争力。

一、强基固本抓教风，多元赋能提质量

学校内涵发展是解决人民群众关切——教育"好不好"的核心所在，其中教师发展是重中之重。如何落实新时代党和国家对教育的要求，是我们每一位校长共同思考并积极努力抓好的重要问题。新时代我们面临着更多新的挑战，办学中教师的供给与需求、数量和质量与结构性的冲突，教师的个人成长与团队发展的平衡与矛盾等问题都困扰着我们。

（一）弘扬关怀文化　凝聚教育力量

走进向小的老师在天性、天赋、习惯上是有差异的，特别是思想道德修

养、学科专业素养、心理及身体素质甚至是家庭成长环境、个人经历也是不同的，职业期待差异是不可忽视的。如何让几十位教师心往一处想，劲往一处使，在岗位立足，在岗位出彩？

教师为什么要发展？教师的发展是什么？教师该如何发展？依据马斯洛的层次需要理论不难发现，要满足教师的安全需要、被尊重需要、自我实现的需要。换句话讲，就是一名教师到我们的学校要人际和谐、有归属感，教学专业水平被认可，被领导、教师、学生、家长尊重，感到有价值。

教师就成长在一个鲜活的有机体中：学校办学"理念、思想认知与架构"仿佛是人的"大脑及中枢神经"是引领教师发展的中枢神经；学校"各项管理机制有效运转"是支撑教师长高长强的内"骨骼"；各种内培、外培使教师身心充盈，获得健美的"肌肉与血液"；而教育"评价与反馈"则是教师发展的"神经末梢"，会及时将信息反馈给大脑，助力教师及时调整教育教学行为，长成最好的自我。

因此，我校着力引导教师走校本研修促专业成长之路，培养文化归属感。近年来，我们不断创新关怀文化体系，不断突出"有温度"的关怀文化特色。用"培养懂得爱，也值得爱的健康、智慧的学生"这一育人目标去凝聚教师的力量；用研修制度去规范教师的行为、提高教师的修养；用团队活动激发教师活力与向心力；用美好的环境文化优化教师的心境。让越来越多的教师对从事的教育教学工作有不竭的兴趣，热爱平凡的教育教学工作，形成"爱校爱生、善教善思、求实求新"的教学之风。像苏霍姆林斯基说的那样，"把整个心灵献给孩子"，从而获得职业幸福。

教育原则中最经典的环境育人，最理想的是因材施教。我们根据教师个人的发展潜质和内在动能的不同，确定教师培养梯队：即骨干优先发展，有"潜质教师"跟进发展，瓶颈期教师超越发展。采取项目研究团队合作的方式，激发教师活力，实现机制的有效运转。教师们用关怀文化的"仁爱"理念，去拥抱、关爱每位学生，用榜样示范传递"和谐、阳光、健美、活力"的人格风范；以共同目标协调个人与集体的关系，产生自主约束和自我完善的行动自觉，逐步形成爱校、兴校的心理凝聚力，一支有文化气质、有共同愿景、有发展力量的教师团队在壮大，为办人民满意的向阳小学教育提供支持。

（二）修炼教学真功 涵养优良教风

职业生涯是人生最重要的生命历程，校长是教师成长中的重要他人。校长的专业影响力是在日复一日的教育教学管理中展现的，校长的人格魅力是在平淡无奇生活化的互动中生成的。作为校长，既是学校办学方向的决策者，教育教学活动的管理者，也应是教师职业修炼的陪伴者与职业习惯养成的支持者。

1. 陪伴教师修炼"三笔字"，让软实力硬起来

好的教师被人们比作人类灵魂工程师，他懂学生，讲究因材施教，如好雨知时节，润物无声，且善启发、做表率。我们知道，作为教师，智慧与爱心、包容力与情绪控制力绝非天生，需要进入岗位后，刻意修炼。如何修炼呢？我们选择了"三笔字"的基本功训练。一，通过习字，让每位老师写一手好字，传承祖国的汉字文化，同时，也具备让学生、家长佩服喜欢的功夫；二，习字是教师俯下身段再做学生的过程，老师们在习字过程中体悟学生写作业的心路历程，有利于形成学生观点；三是培养审美与创造、耐心与严谨、意志力与恒心，修身养性。这第三点是最难的。我选择陪伴者身份支持老师们。青年教师每天习字，提交一份板书练习作业、一份硬笔书法习字作业，请校长和骨干教师做批改。三年时间里，1000多个夜晚在手机上圈圈点点的批注。由于校长重视，大家咬牙坚持，即使在疫情与节假日也未曾间断练习，培养了一种坚持的精神。

就写字这一技能来说，有一部分老师因为天赋所在，一开始就写得一手好字，对于这样的老师，让他们坚持不断地跟着练习，并提出"楷书为基础，行书为特色"的更高要求，目的是培养他们沉下心，专注于一件事的心境，与不断挑战自己、突破自己的主动精神。对于写字基本功差的老师，采取"盯"的方式，并且不断改变"盯"的策略。其实老师也像孩子一样，一成不变的方

式必然会让他们"倦怠、疲沓",所以,不断地"变",持续地激发他们的积极性和上进心。让老师们懂得只有"严细、认真"的态度,把一件事做到极致的韧劲,以及克服人性中的懒惰,才会让自己具有不同于他人的不可替代的价值。

在"青年联盟"中,我们提出"提笔即练字""课堂就是检验场"的口号,营造出一种"同伴互助与竞争"的氛围。老师们有的说,"写字是一种休息";有的说,"我的心静了",还有的自豪地说,"孩子们都说我的字好看,他们崇拜我,字形都随我",更有人说,"在我练字中体会到学生的不容易,让我常常站在学生角度看问题……"寒来暑往,枯燥的习字中,我也听到了青年教师对同伴的帮助的谢意,坚持了三年的习字让大家真实感受到关怀文化的温度,大家明白了欣赏的可贵,深刻理解了合作共赢的道理,涵养了性情,克服了浮躁、不踏实的不足,在练得一手好字同时,树立起"爱校爱生、善教善思、求实求新"教学风尚。

用温度滋润每一滴爱
——向阳小学青年联盟书法团队向阳生长

"八点了,还有半小时老师们就该上传每日书法作业了",结束一天忙碌工作的我却还有一件更重要的任务——和青年教师们一起走进书法的世界。"魏校,这是我今天的硬笔书法作业,嘿嘿,今儿个我可是第一个上传的哦"一位一向拖沓怠慢的老师竟这样开启了微信群的对话,"好的,收到!",紧接着又有四五位老师上传了他们今日的作业。"看得出来,你今天态度很认真,但由于结构问题突出一时半会儿还解决不了,等假期了好好练习,重点突破,一定没问题","好的魏校,我以后一定注意您提出的以上问题",他爽朗地答应道。

回想起自己半年前的那个决定:通过研习硬币书法和板书来有效提升青年教师队伍的基本功和业务素质,进而带动更多的教师和学生。这一晚,让我更加坚定了自己的初心。

一晃就是一年,每晚八点半开始的守候从未改变,而微信群中每日提交作业的人数已由起初的不及二十到如今二十六人全齐。小小数字变化的背后是我每一晚耐心的等待与真挚的指导。学校青年教师队伍中大多是非师范专业毕业的孩子,他们身上的每一点不足抑或是每一滴进步在我看来都是职业发展过程中的一笔财富,而我作为校长有责任和义务去带领他们、陪伴他们在向小这片沃土上成长。

"魏校,您看看我今天写的,有进步没",我又是第一个收到了他的作业。相比于一年前,他的书法质量已经有了长足的进步。"坐,主笔应该是中间的竖,所以应该高于两个人",我照例提出了自己的观点,不到一分钟,"我学到啦!横平竖直要记牢,笔画虽少要放开;先走再跑不着急,长短比例要适中。又是收获满满的一天"。就这样,一位起初有些抗拒的老师如今对于硬币书法已经有了些许自己的认识,我作为校长由衷地为他点赞,更为我们的青年教师队伍感到自豪。

就这样,白天的板书练习加晚上的硬笔书法训练,日复一日,年复一年,终于让我们的青年教师在燕山地区"燕翔杯"评优课大赛中展现的板书获得了一致好评。耕耘终有收获,通过两年有余的书法研习,青年教师们不仅收获了书法技艺的提升,更是领悟到了"学为人师,行为世范"的真正内涵。

直到今天,回首两年前的那个决定,我依然认为,这是我校长从业生涯中做过的最正确的一件事。时光如车轮般转动,而我的初心始终未改。我会用对教育事业的热忱和教师们的关怀去感染更多身边的人,用内心的温度去滋润每一滴爱。

习近平总书记在全国教育工作大会上指出:"教育工作的根本任务是培养德智体美劳全面发展的社会主义建设者和接班人"。我们的青年教师正是继承和发扬新时代中国特色社会主义教育精神的主力军，强化自身本领、增进自我修养，才能为教书育人站好第一班岗。我相信，书法能够带给我们青年教师队伍的远不止于艺术修养，更重要的是中华优秀传统文化中蕴藏的精神品格，这是终身受用的。

2. 打破舒适区，让学科素养强起来

实践是最好的教科书。通过习字的坚持，学校的各项培训得到了带动与影响。

我们开展了"研读课标"、教育理论学习等"普识"培训；进行了分学科的专业培训，语文学科重在"阅读与写作""沟通与表达"，英语学科重在"英语口语训练""英文写作"，数学学科重在"思维训练与计算能力提升"。"能学、能辨、能想、能创、能干"，增强了教师解决实际问题的能力。与此同时我们通过不断探索初步形成了"思想共识—自我分析—目标定位—发展规划—阶段成长—提升素养"的团队合作与梯队成长的校本培训模式。大家在工作中不断打破了多年来形成的思维定式，勇于尝试创造一个新的自我，在工作历练中成长、成熟。

3. 及时反馈让"神经末梢"活起来

如果说传承关怀教育思想是触动了教师发展的中枢神经，引导着教师的成长方向；学校"建机制搭平台"如"骨骼"般支持教师发展；各种内培、外培如营养丰盈了"肌肉与血液"；那么"评价与反馈"如触动人的"神经末梢"，及时将成长信息反馈给教师，助力教师及时调整教育教学行为，长成最好的自我。

校园里的一天是繁忙的、紧张的，很多工作是琐碎的，为让教师发展的"神经末梢"灵敏起来，我们制定标准、明确程序、把握节奏、强调重点、闭环管理，助力教师养成反思的教育习惯。

我们坚持"三抓、三常"，即抓日常（听评课）、抓常规（备课、教案、作业），抓经常（每月一查），努力做到"三无"，即：无漏点、无死角、无空档。无漏点——是对于科学、音乐、美术、体育、劳技等不统一监测的学科，加强日常教学监控，指导教师们注重日常教学三维目标的落实、注重师生互动、注重设问的思维含量、注重课堂生成的处理；无死角——是通过早读、课间、午休、课后活动等零散时间的管理监控，要求教师们抓住早读、课间、午休以及生成、突发的零散、随机的教育契机，端正学生的学习态度，培养学生良好的学习习惯，指导学生掌握学习方法；无空挡——是通过合理分工，明确职责，落实教学干部、教研组长对于教师的监督管理，通过检查教师的教案、听评课记录、学科作业等，指导教师明确听、评课中的着眼点，思考"小小作业本中的大教育"，在自我评价与反思中，在教学质量的分析与跟踪中，在课堂教学的日常与展示中，在个人成长的考核与评优中，弄清楚工作方位，角色定位，调整自己的工作方向，找到前进的力量。

我们通过落实"青年联盟"以及由50岁以上老教师组成的"导师团"的双例会制，为青年教师与老教师搭建了双向引导的桥梁。让每位青年教师都有自己的导师，让每位导师都能不断挖掘、总结自己的教育教学经验，传递给青年教师，使青年教师与老教师成为"成长合伙人"，在教育教学的路上结伴同行，共同成长。

我们通过记工作日志的方式，让老师记录每天的工作内容，记录一天的反思与改进想法，明确第二天的工作安排，按照事情的轻重缓急，做出更好的安排，从而加强时间管理，提高工作效率。

（三）构建和谐团队　雁阵协同前行

新时代班级授课制下的教学育人是团队育人，而团队和谐育人是最先进最科学的选择，是培育学生的健全人格和提升德智体美劳综合素养的保障。

1. 营造重沟通、讲合作、比和谐的人际氛围

人际关系和谐是教师心理安全的重要指标，是教师留下来、做起来、好起来的起点。我们党政一心，通过组织教师学习、个别谈心、签订师德师风建

设责任书等，积极构建"和谐"校园，引领教师从育人视角诠释"和谐"的内涵，教师们懂得在学生面前我们的名字是教师，学校的事无小事，团队的荣誉是大事，学生健康成长是要事，大事、小事和要事都是大家共同努力奉献的光荣事。

强调合作，我们坚持工作沟通时快速精准，坚持工作接受时勇当先锋，坚持工作落实中实干巧干；不讲条件、不打折扣、不攀比推诿；快速反应、快速到位、快速应对；要求教师做到"三比"，即"比学习、比能力、比贡献"，让懒散、说怪话的负能量没有市场，奉行每个人都是在团队中成长，摆正集体与个人的位置，实现共性与个性互补，弱化竞争的负面影响。让教师可以舒心工作、踏实进步，让教师感到每一个人代表的都是学校的团队形象，唯有加入到团队中，才能获得更好发展，坚信"一个人也许能走得很快，但一群人才会走得更远"。

2. 发挥"雁阵"式管理效应，激发团队活力

我们遴选出品德高尚、学科素养突出的老师，确定为优先发展教师。我们指导教师制定个人发展规划，明确职业发展方向，多渠道、多层面承担多项教育教学任务，不断压担子，激励其挖掘自身潜能，激发突破自我的创新意识，在原有教学基础上创新发展，形成独特的教学风格，努力成长为骨干教师和学习型人才。我们在锤炼优先发展的教师成为骨干的基础上，通过"师带徒"策略，充分发挥优先发展教师的"头雁"引领带动作用，形成"雁阵"效应。

例如，我校由28位语文教师组成的语文研修团队，在郝明月、任杰、于欢三名市、区级骨干教师组成的"头雁"的带领下，形成了有效的发展梯队。他们每一个骨干都带领和影响着一个发展团队。其中，郝明月老师在近三年的时间里，一面努力提高自身能力，另一方面还重点培养了她的徒弟于欢老师；于欢老师迅速成长，成为区级语文学科骨干教师；与此同时，于欢担任了年级教研组长，指导、影响带动了新任教师的成长。在今年我校组织的"秋实杯"展示课中，于欢老师所在教研组中的两位新任教师，一个入职不到半年，另一个

也仅仅才入职一年半,两位新老师在27节展示课中取得了一个一等奖,一个二等奖的好成绩,为后续发展打好了底色。

在这个过程中新入职教师得到了团队的关怀和支持,找到了组织,心有所属;骨干和组长有了成就感、价值感,在助力年轻教师的同时找到更高目标,实现了自我超越。如此便形成了一个又一个的发展团队,逐步向骨干教师、向名师团队迈进。

3. 用人所长,扬长避短

我们遵循"潜质教师跟进发展"的思路,根据每个教师的不同特质,为每位教师确立学科教学的发展方向,如:我校的隗爱骐老师,信息化技能突出,为他及时转岗,请他建设"云课堂",探索"云"教学研究,提高数学课堂的教学实效,实现了在教师的发展方向上"扬长避短",很好地激发了教师的主观能动活力。再如:我校李博老师由数学学科改换科学学科后,找到了更为适合的发展空间,教学能力得到了提升,同时也找到了自信,激发了工作热情和活力。

4. 团队研修,助力续航

团队研修是助力教师专业成长的巨大动力。这其中既有"小学道德与法治学科中利用课程资源培养学生德行统一的策略研究""小学生发现和提出问题能力的培养研究""小学英语课外自主阅读策略的研究""小学语文高年级名著阅读教学策略研究""小学音乐课中培养学生审美感受力教学策略研究"等以课题形式开展的团队研修,也有"心理工作室""科学学科研修小组"等由学校牵头,教师自愿组建的小型研修团队,大家在团队中聚火为光,结成学习共同体,端正了科学严谨的做事态度,并根据自己的教学实践,开展教学研究与反思,提升了专业素养。

习近平总书记强调:"教师不能只做传授书本知识的教书匠,而要成为塑造学生品格、品行、品位的'大先生'。"循着这个方向,我们固本强基抓教风,精耕细作,力求科学性、针对性、实效性更强;我们弘扬关怀文化,多元赋能，以教风带学风，以正风优校风，用激情和汗水铺就了走向优质均衡的教育路。

走进十四五，总书记要求新时代的教师要成为中华民族伟大复兴的"筑梦人"。让我们牢记为党育人，为国育才的使命，带着爱和希望，积极打造优秀的教师队伍，深化课程改革，促进学生德智体美劳全面发展。

二、遵循教师成长规律，分层培养整体推进

习近平总书记曾指出："今天的学生就是未来实现中华民族伟大复兴中国梦的主力军，广大教师就是打造这支中华民族'梦之队'的筑梦人。"如何打造一支优秀的教师队伍，是我校多年来探索的一个课题。近10年来，我们秉承关怀教育理念，创新和完善各种教育教学制度，在规范干部教师行为的同时，整体带动素质提升。

学校通过制定学校整体规划，明确了发展的方向，全面实行目标责任管理。在此基础上，指导教师完成了个人的"三年成长规划"的制定，让每位教师都有自己的奋斗目标，有"奔头"。学校不断探索校本培训模式，力图构建适合各个发展阶段的教师专业素养提升的培养模式，以教师原有的专业素养为基础，精选适合教师乐于接受的培训内容，选择适合教师不同年龄特点的培训方式，在多样的培训任务驱动下，彻底改变枯燥呆板，被动要求的培训模式，避免了"培训一言堂，记录一个本，总结一篇稿，心中不留痕"的弊端，抽离了日复一日，毫无激情的机械操作，从而摆脱与日俱增的职业倦怠与心灵的枯竭。校本培训旨在统一团队合作的共赢思想，促进青年教师成长，提高校本培训的实效性，形成"思想共识—自我分析—目标定位—发展规划—阶段成长—提升素养"的团队合作，梯队成长的校本培训模式。

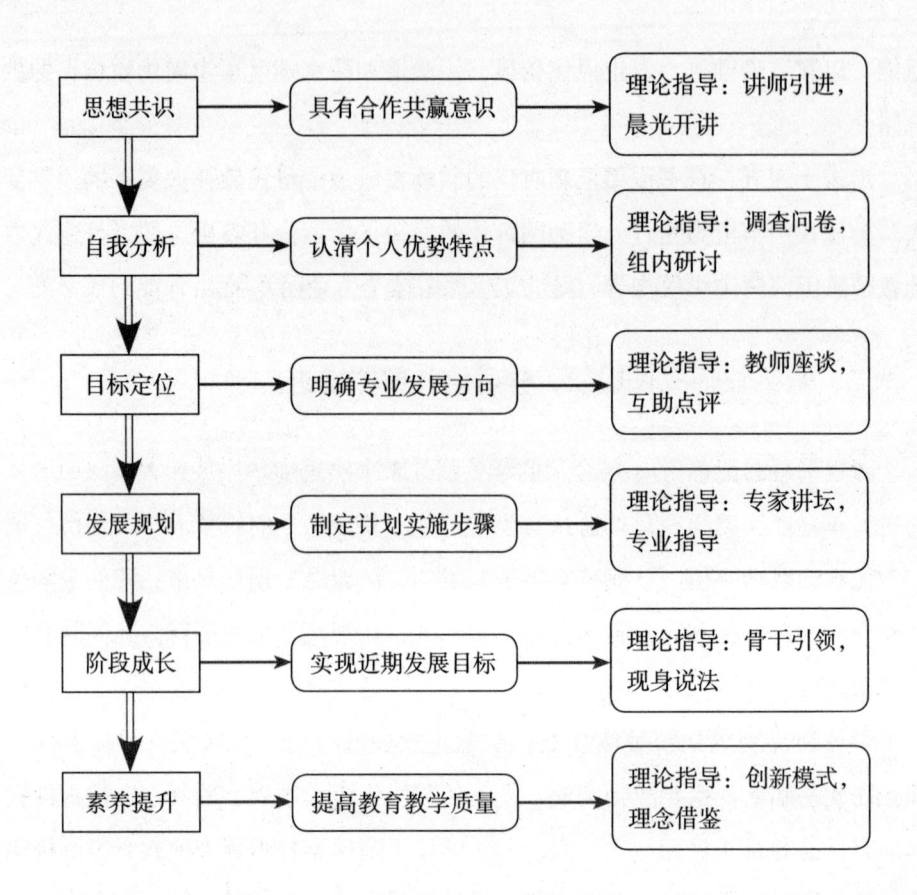

```
┌─────────┐    ┌──────────────┐    ┌──────────────────┐
│思想共识 │───▶│具有合作共赢意识│───▶│理论指导：讲师引进，│
└────┬────┘    └──────────────┘    │晨光开讲          │
     │                              └──────────────────┘
     ▼
┌─────────┐    ┌──────────────┐    ┌──────────────────┐
│自我分析 │───▶│认清个人优势特点│───▶│理论指导：调查问卷，│
└────┬────┘    └──────────────┘    │组内研讨          │
     │                              └──────────────────┘
     ▼
┌─────────┐    ┌──────────────┐    ┌──────────────────┐
│目标定位 │───▶│明确专业发展方向│───▶│理论指导：教师座谈，│
└────┬────┘    └──────────────┘    │互助点评          │
     │                              └──────────────────┘
     ▼
┌─────────┐    ┌──────────────┐    ┌──────────────────┐
│发展规划 │───▶│制定计划实施步骤│───▶│理论指导：专家讲坛，│
└────┬────┘    └──────────────┘    │专业指导          │
     │                              └──────────────────┘
     ▼
┌─────────┐    ┌──────────────┐    ┌──────────────────┐
│阶段成长 │───▶│实现近期发展目标│───▶│理论指导：骨干引领，│
└────┬────┘    └──────────────┘    │现身说法          │
     │                              └──────────────────┘
     ▼
┌─────────┐    ┌──────────────┐    ┌──────────────────┐
│素养提升 │───▶│提高教育教学质量│───▶│理论指导：创新模式，│
└─────────┘    └──────────────┘    │理念借鉴          │
                                    └──────────────────┘
```

培训解决了"为什么？"的问题，那么"做什么？"和"怎样做"的问题则需要学校关注教师需求与发展，通过分层定标，让每一位教师都参与到团队中来，对教师实行全面要求、全过程关注、全方位培养，重点指导，持续跟踪推进，使每一位教师在团队中打好教育教学的底色，突出教育教学的特色，促进专业成长。学校采取项目带动、任务驱动的策略，并提出"青年教师：一人一亮点，争做先锋；中年教师：一人一个团队，创建和谐团队；老教师：一人一室，创办工作坊"的总体目标。

（一）引导年轻教师强基固本

我们指定有经验的教师做年轻教师的"师傅"，通过师徒结对的方式，指导他们制定好个人的三年发展规划，提高师德素养和专业素养，更好地完成教育教学工作。做到"一、二、三":即一个规划(三年个人发展规划);两项训练(基本功训练、口语交际训练);三个制度(读书交流、写工作日志、读书计划)。这样,在既定目标确立下,在学校有效监督,定时检查下,由"师傅"和教学干部对年轻教师实地跟踪,持续指导,帮扶其反思提升,扎实有效地按节点完成每项训练内容,能力提升势在必行,逐步实现由青涩到成熟的过渡,努力实现年轻教师"一年成形,两年见成效,三年成事"的目标。

1. 青年联盟

我们根据年轻教师的特点,组织35岁以下年轻教师成立了"青年联盟",在青年联盟团队中,我们要求每位教师写工作日志,记录自己的所作所为、所思所想;对于班级管理能力稍弱些的老师,我们要求其写教育日记,转变教育思想,学习管理方法;我们还以过"写字关"为点,带动年轻教师进行日常写字练习,通过每日一练、每周一展、每月一评等方式,结合书法考级,带动年轻教师规范书写。我们充分利用身边的教师资源,发挥教师特长,带动英语教师团队每天读英文文章、每周写一篇英文习作,提升英语教师专业素养。我们还通过"青年班主任沙龙"、邀约心理专家、地区教育专家、北京紫禁杯优秀班主任加入互动,答疑解惑,分享引领等方式,从沟通技巧、礼仪规范等方面带领年轻教师过语言关,全面引导年轻教师固"育人之本",强"基本素养"。

2. 三大系列活动

"善之本在教,教之本在师"。教师是教育事业的第一资源,是教育竞争力的核心要素。先有名师,后有名校。推动学校又好又快发展,培养高素质人才,教师是关键。为了培养造就一支在地区有一定影响力、素质过硬的教师队伍,我们策划了三项系列活动。

首先是教师读书系列活动——"青年讲堂",青年教师通过自我读书学习,获得感悟,在讲堂上与大家交流分享,树立"讲师德,讲正气"之风。"青年讲堂"也同时掀起了燕山教委读书讲坛的热潮,在教委"心语飞扬"青年讲坛展示活动中,我校青年教师以《感悟平凡》为题在讲坛上进行了宣讲。

凭借"青年讲堂"的品牌效应，我们进一步提升讲堂成果，打造了以交流青年教师成长为主题的"青年会客厅"系列活动。

由青年教师担任主持人，结合自己的兴趣、特长、专业等方面，充分利用地域资源，自定主题，自请嘉宾，自选话题。形式主要以轻松的漫谈或访谈为主，尽情施展才能，发挥个性，校领导和教师全员参与访谈与互动，形式不拘一格。为此，学校在现有的资源下，打破传统的会议格局，精心营造了温馨、轻松的青年会客厅的氛围。围绕"畅谈成长""走近名师蔡玉芳""团队引领促教师专业成长""在平凡中追求诗意""注重教师礼仪，树好师表形象""生活中的音乐""我与祖国共奋进"等主题开展，引领青年教师弘扬师德风范，增强职业道德意识。

"知行统一，身体力行。"理论与实践相结合是培训的根本方法。我们又策略化了"锵锵辩论赛"展露教师博弈风采，并邀请专家对教师进行辩论课程培训。通过"辩论赛"，教师们认识到良好的语言表达与沟通技能，是教师从事教育教学必备的能力之一。一堂成功的课，教师应声情并茂，用自己引人入胜的语言，激起学生强烈的求知欲望。如何在课堂40分钟里展现语言的魅力，把话说得更精简、精彩、经典，必须要靠平时的学习积累和实践，进行长时间的培养。

回顾三大活动的创新培训历程，正如贾平凹先生笔下的一只贝，因痛苦的磨制而成长为珍珠，留下了永恒的美丽；同样的，一名教师，因丰富的磨砺而让生命绽放绚丽的光彩；一支队伍，因坚守信念与不断打造而焕发出无限的生机，精耕细作，向着造就一支精湛的教师团队，提升学校核心竞争力的目标，扬帆远航。

（二）激励成熟教师厚积薄发

入职多年的成熟教师教学经验丰富，师德素养较高，工作稳健，吃苦耐劳，但是教学方法策略容易故步自封，会因个人成长无法突破，使得自身压力难于排解，终身学习意识下降、职业倦怠等特点。我们根据成熟教师的特点，开展心理辅导、团队拓展训练等活动，引领成熟教师释放心理压力，正确地看待工作生活中的问题，享受工作的幸福。我们激励成熟教师挖掘自身潜能，激发突破自我的创新意识，在原有教学基础上创新发展，形成独特的教学风格，努力成长为骨干教师和学习型人才。我们组织成熟教师梳理自己的学科教学经验，进行微讲座，让他们感受到自己的价值体现，也寻找到专业上的新的生长点；我们还在校内评选校级骨干班主任、校级骨干教师，让更多的教师享受到被认可的幸福；我们还组建了"杨红军班主任工作室"，充分发挥其在班主任工作方面的示范作用，带动青年班主任不断成长。成熟教师在被需要、被认可中克服了职业倦怠，不用扬鞭自奋蹄。

（三）重点支持骨干教师科研先导

骨干教师具有专业知识扎实，专业技能多样，师德素养很高，心理自我调节能力强，讲求效率，业绩突出，但是在不断成长过程中容易关注自我，忽略自身的榜样作用，失去骨干教师的校本价值等特点。我们根据骨干教师的特点，把对骨干教师培养的重点放在了对专业发展的关注、对专业精神的培育、对专业精神的提升上，通过团队协作，专家指引，在其已取得成绩的基础上，重新审视自己的发展规划，激发骨干教师高瞻远瞩的专家意识。

骨干教师是学校的中坚力量，发挥骨干教师的科研引领作用对于建设研究型学校来说至关重要。我校严格执行课题管理制度，明确提出骨干老师要申请课题，并要主持课题研究。"十三五"期间的13个市、区级课题中，85%都是由骨干教师主持的。每位骨干都参与到了课题研究中，参与度达到100%。

我校遵循"教学即研究""问题即课题"的理念，鼓励教师以问题为导向，进行课题研究，研究课题的过程就是解决问题的过程，保证课题研究的扎实有效。例如：市规划办校本研究专项课题"基于家、校、社区共育背景下的培养小学生劳动素养的策略研究"，就是针对当前学生普遍存在的劳动意识缺乏，轻视劳动、不会劳动、不珍惜劳动成果的现象而展开的课题研究。市教育学会课题"在德育活动中培养小学生知行统一的策略研究"，也是因为在学生成长过程中，道德认知与道德行为的不统一，极大地阻碍了学生的真发展。因此，在德育活动中中探寻培养学生"德行同一"的策略研究已经迫在眉睫。

我校鼓励教师把个人爱好及特长与学生的实际发展结合起来进行课题研究。市规划办课题"小学武术校本课程开发与实践研究"就充分发挥了唐英哲老师自幼习武的优势，自主开发小学武术校本课程，与学校体育活动相结合，改善和提高小学生的身体素质和运动能力，同时注重武德的培养，也在研究实践中发扬和继承中华民族的优秀传统文化。除此之外，还有区级课题"写字教学策略研究""小学英语课外自主阅读策略的研究""小学音乐课中培养学生审美感受力教学策略研究""小学语文中高年级名著阅读教学策略研究"等。教师的爱好及特长在课题研究中放大，鼓舞了教师开展研究的积极性，也保障了课题的有效实施。

骨干教师的辐射力量是巨大的，在骨干教师的带动下，其他老师也纷纷行动起来，参加到课题研究中来。但是，老师的科研能力是需要培养和锻炼的，对于一部分老师来说，直接参加大课题研究有一定难度。因此，我校开展"微课题"研究，按照"切口小、选题准、研究实"的指导思想，寻找课堂教学中存在的问题，然后筛选出自己最感兴趣的问题来研究。通过做微课题，帮助老师来加深对课题研究的认识，对科研经验的积累。同时也可以了解熟悉课题研究过程，为参加其他课题研究奠定基础。

几年来，我校秉承着关怀教育办学思想，从教育需要出发，着力团队建设与教师个性化发展，让管理效果体现在教育教学工作中，力求科学性、针对性，实效性更强，让教师驾驭课堂能力，教育管理能力得以提高。我们欣喜地看到，青年教师不断脱颖而出，在不同的活动中都有精彩绽放；成熟教师保持进取状态，不断向学习型教师迈进；骨干教师名不虚传，发挥了骨干作用，已成为我校的中坚力量，逐步成长为"名师"，成就着精彩人生。学校也因他们名声远扬，形成了自己的办学特色。

三、精准定"位",激发教师专业发展活力

2020年9月,教育部等八部门联合印发《关于进一步激发中小学办学活力的若干意见》。《意见》中指出:要"充分激发广大校长教师教书育人的积极性创造性,形成师生才智充分涌流、学校活力竞相迸发的良好局面,推动基础教育公平发展和质量提升,加快现代学校制度建设,为推进教育现代化、建设教育强国奠定坚实基础。"我校有教师80余人,市区级骨干教师8人,他们专业知识扎实,专业技能多样,师德素养很高,心理自我调节能力强,讲求效率,业绩突出,但是在不断成长过程中容易关注自我,忽略自身的榜样作用,失去骨干教师的校本价值;35岁以下青年教师近30人,他们知识储备丰富,学习能力较强,精力旺盛,勇于创新,但是教育教学经验略显不足,师德意识薄弱,心理抗压能力差;50岁以上的中老年教师15人左右,他们教学经验丰富,师德素养较高,工作稳健,吃苦耐劳,但是教学方法策略容易故步自封,会因个人成长无法突破,使得自身压力难于排解,终身学习意识下降。

我校根据不同类型教师的特点,针对《关于进一步激发中小学办学活力的若干意见》中强调的有关增强学校办学内生动力,强化学校文化引领作用,积极践行关怀教育办学思想,立足"办有温度的教育",不断创新关怀文化体系构建,不断突出"有温度"的关怀文化特色,要求教师们用体感温度,去拥抱每位学生,传感"和谐、阳光、健美、活力"的教育力量,努力实现"培养懂得爱也值得爱的健康、智慧的学生"的育人目标,激活办学活力,提升教师素质,促进学生全面发展。

(一)抓准"站位",念好"三字经"

教育不断发展,对以往的管理模式提出挑战,检验平时的管理制度和机制是否健全、教师工作作风是否过硬、家校协同是否和谐联动、学生是否具有良好的自我管理自我教育的素养……这就意味着学校治理必须优化升级,走信息化、生态化之路。

我们从提升教师队伍素质入手,抓准"站位",念好"三"字经。要求教师时刻做到"靠前点"——身正为范、"站高点"——秉持关怀教育理念关照生命,全方位育人;"看远点"——提高预见性。对于教师,全面实行目标责任管理。学校通过制定发展规划,明确了发展的方向;指导教师完成了个人的"三年成长规划"的制定,让每位教师都有自己的奋斗目标;以引领教师专业化发展,发扬团队捆绑精神形成合力为契机,以聚焦课堂教学、打造高效课堂为切入口,以管理精细化,抓好常规抓严细节抓实过程为抓手,注重可持续发展,强化了教师的责任担当,教师的主动性、能动性、创造性得到充分展现。

(二)执行"到位",强化"三原则"

不断发展的教育形势,对教师的工作速度、执行、调控等能力,也提出了新的要求。学校围绕"三个坚持",即:坚持工作沟通时快速精准,坚持工作接受时勇当先锋,坚持工作落实中实干巧干;提出教师的"三不讲"和"三快速"工作原则,即:不讲条件、不打折扣、不攀比推诿;快速反应、快速到位、快速应对。要求教师做到"三比",即"比学习、比能力、比贡献",引领教师们懂得"一个人也许能走得很快,但一群人才会走得更远。",每个人都是在团队中成长;每一个人代表的都是学校的团队形象,唯有加入到团队中,才能获得更好发展。教师们在团队中、在作风优化中,正确诠释了"什么是竞争与合作""什么是集体与个人""什么是共性与个性",也更加清楚地认识到:学校的事无小事,团队的荣誉是大事,集体的利益是要事,大事、小事和要事都是大家共同努力奉献的光荣事。

(三)主动"换位",奏响"三步曲"

学校的不断发展,教师的认识和工作方式都发生了变化。一改,学校将以往的关注"知识、线下、固定程序"改为关注"生命、线上、家校合作"。教师们通过打造学习的共同体、协作的共同体、荣誉的共同体、文化的共同体,构建了生态"多主体关照"的新格局。二推,重点推进,打造师生的精神家园。如："线上云共享"以爱国主义教育、生命教育、劳动教育、感恩教育、安全教育、责任教育、心理健康等教育为抓手，以"立德树人"为根本任务，用实际行动构筑起师生共有精神家园。三评，积极改革教师评价方式，统一标准改为分类标准，单一评价改为多元评价，总结性评价与发展性评价相结合，在学生、家长的参与中，通过自我反思、风采展示、多元激励等方式对教师进行发展性评价，增强了实效性，突出了合理性，体现了公平性。

（四）成长"全方位"，实现"三统一"

《关于进一步激发中小学办学活力的若干意见》中指出：学校要构建完善的教师激励体系，充分激发广大教师的教育情怀和工作热情。我校关注教师需求与发展，对教师实行全面要求、全过程关注、全方位培养，重点指导，持续跟踪推进，使每一位教师在团队中打好教育教学的底色，突出教育教学的特色，促进专业成长。

我们重塑教师的"基本面"，原本性格内向不善表达的教师变得能够主动沟通，表现出一种积极解决问题的态度和行为。每位教师在重塑的过程中，打破了多年来形成的思维定式，勇于尝试一个新的自我和一种新的人际关系，并且在工作历练中努力做到"能学、能辨、能想、能创、能干"，以此增强解决实际问题的能力。

夯实教师的"工作面"，提升解决"真"问题能力。学校引导年轻教师强基固本。通过师徒结对、组建"青年联盟"等方式，指导他们制定好个人的三年发展规划，做到"一、二、三"：即一个规划（三年个人发展规划）；两项训练（基本功训练、口语交际训练）；三个制度（读书交流、写工作日志、读书计划），实地跟踪，持续指导，帮扶其反思提升，努力实现年轻教师"一年成形，两年见成效，三年成事"的目标。激励成熟教师厚积薄发。成立"导师团"、组建工作室、进行微讲座等，让他们实现自身价值，寻找到专业上新的生长点。支持骨干教师科研先导。学校要求骨干老师都要申请课题，并主持课题研究。学校现有的13个市、区级课题中，85%都是由骨干教师主持的。每位骨干都参与到了课题研究中，参与度达到100%。骨干教师在学习研究中，形成研究共同体，提高教育教学能力。

学校以钟南山院士等人为榜样，拓宽教师的"生活面"，大家享受工作的成就感的同时，体悟拥有更为丰盈的生命价值和意义。

我校在教师队伍建设中，从教育需要出发，着力团队建设与教师个性化发展，踏踏实实做事，扎扎实实推进，努力做到了抓准站位、执行到位、主动换位、成长全方位，优化了学校治理，激发了教师活力，教师们带着爱和希望，辛勤耕耘，成就了事业发展、个人成长和家庭幸福的精彩人生。

四、加强班主任队伍建设，提升班级管理能力

加强班主任个人素养，构建积极、健康、向上的班级文化，是提高班级管理水平，促进学生发展的一个重要举措。针对班主任队伍建设，学校出台了一系列举措，通过"思想引领""梯队培养""培训提升""评价推进"四个层面锤炼班主任基本功，提升个人修为，加强班级管理能力和水平。

结合"班级文化建设中班主任如何发挥引领者作用"这一问题，我们也有着自己的思考：我们常说，"有什么样的班主任就有什么样的学生"，在班级文化建设中，班主任是关键人物，班主任是班级的灵魂，是学校德育工作的主体，是未成年人思想道德建设工作的落脚点。一个好班主任能够带出一个好班级，一所学校拥有一支优秀的班主任队伍，就有了建设一流学校的中坚力量。班级文化建设不仅仅是一个理论问题，更是一个实践问题。于是，我们将梳理、提升、落实"带班育人方略"作为下一阶段工作重点，引领班主任在实践中获得相应的修养和能力，引导学生塑造良好的班级文化，提升班级认同感。

（一）实施"走动中班主任工作模式"，实现"全校一盘棋"思想引领

为加强班主任教师的育人能力，达成全员育人，全程育人，落实"立德树人"总目标，针对班主任队伍建设，学校开展了系统的、层级式的培养计

划。工作中，学校以"走动中的班主任工作模式"为宗旨，以杨红军班主任工作室为龙头，以"师带徒"为抓手，通过走进骨干班主任、优秀班主任、紫禁杯班主任、特色班主任，在经验分享、魅力展示、班级文化现场交流等主题活动中，在"组与组""团队与团队""师与徒"之间搭建实践、交流的平台，为每一位班主任提供学习和展示的机会，助力教师反思成长，实现团队携手共进，形成"全校一盘棋"思想，促进班主任队伍素养整体提升。

"走动中的班主任工作模式"是全面推进学校班主任团队建设的一项有力举措，力求通过教师角色的转换，思想意识的扭转，工作形式的改变，加大行动力度。我们以年级组为单位，在组长的带领下打造和谐团队，以"师带徒"的形式带领团队发展，充分发挥紫禁杯班主任、骨干班主任的引领作用，在"头雁效应"作用中激发教师内驱力，调动班主任的积极性和学习热情。在"全校一盘棋"思想的引领下，"走动中的班主任工作模式"加速了青年团队的成长，也让帮扶这些年轻人的其他班主任迈向了更高的领域，班主任队伍整体推进，在"要我发展"向"我要发展"的路上不断前行。

（二）开展班主任队伍建设"层级推进"，打造梯队式培养目标

1. 骨干引领

为促进我校班主任队伍专业化发展，发挥骨干班主任在育人中的重要作用，进而培养出一支具有辐射能力和示范引领作用的骨干班主任队伍，学校从2017年开始进行校级骨干班主任的评选工作。这支骨干力量成为"校本培训"的有力支撑，是学校班主任队伍中的"头雁"，在发挥模范带头作用的同时，每位骨干班主任带领1—3名青年教师，通过日常帮扶指导，提升青年班主任班级管理能力。

2. 三级推进

学校注重提高班主任队伍的整体素质，通过"培训引领、帮扶指导、展示交流"三级推进方式，逐一打造。

（1）领进门

学校通过"向阳小学骨干班主任""学生最喜爱的班主任""紫禁杯班主任"，以及日常教育教学管理等工作的评选，抓龙头树榜样，开展校本培训，介绍工作中的亮点和经验，将青年班主任领进门，指导他们开展班级管理。我们先后邀请班主任作经验介绍，杨红军老师的"走进班会设计"、卢玉凤老师的"低年级班级管理一二三"、高月兴老师的"走进精彩瞬间"、郭红娟老师的"如何与家长进行有效的沟通"、郑建丽老师的"走进成长足迹"、王会明老师的"春雨润物细无声 师爱潜移不留痕"、王硕老师的"基本功抓基本"，等等，这些老师们成为班主任队伍的"先遣队""排头兵"，为教师发展引领了方向。

（2）扶上马

在杨红军班主任工作室的引领下，依托"师带徒"进行帮扶指导，将班主任培训化整为零，在学校整体推进培训计划的同时，杨红军、卢玉凤、高月兴、郭红娟、任杰五位教师带领本组班主任开展小团队培训，加强师徒之间的日常交流和指导，定期总结反思，将青年教师扶上马，切实提高班级管理的能力和水平。

（3）成果

随着前面两个层级的深入，在骨干引领、优秀示范的作用下，班主任培养进入第三层级：搭台子展成果。学校积极给青年班主任搭建展示的平台，结合班主任管理工作中急需解决的共性问题，开展小主题研讨展示活动。2019年重点推出"队会展示"，在展示学习成果的过程中，青年班主任互促互进，获得成长。

（三）落实"师带徒"培训机制，全面提高整体发展

为提高班主任队伍整体素质，加强青年班主任班级管理能力和水平，我们努力开发校本培训，制定《向阳小学班主任"师带徒"培训方案》，全面落实

班主任全员培训计划。

1. "师带徒"人员安排

根据学校实际情况为三十五岁以下青年班主任找寻师傅,聘请北京市紫禁杯班主任和骨干班主任为带教导师,结成师徒关系。

2. "师带徒"活动要求

带教期间,师傅要多关心徒弟,主动指导徒弟班级日常管理工作,尽快帮助提升班主任工作能力,带好班级;带教期间,徒弟应以谦虚好学的态度,积极向师傅学习,主动向师傅请教班级管理经验,研讨班风班集体建设策略,解决班级疑难问题,争取师傅的大力支持;师徒团队要积极主动开展交流研讨,至少每两周交流一次,并做好活动记录;每学期,围绕学校培训计划,师徒团队要针对学习过程进行梳理,推选青年教师汇报展示学习成果。

3. "师带徒"培训内容

我们以班主任基本功大赛为依托,以"师带徒"为抓手,通过校本培训推进和落实班主任队伍整体素养的提升。目前,学校已经从"班队会设计""带班育人方略"两个方面着手开展培训和展示活动,在打造向阳小学"有温度的教育"的过程中,营造"有温度的班集体"。

(1)班队会设计与展示

学校已经连续两年开展班队会展示活动,青年班主任在师傅的带领下迅速成长,王硕、李瑶、张梦、贾燕、龙海燕等教师进行了展示活动,取得了很好的效果。班队会设计是班主任基本功中一项重要内容,学校将"上好每一节班队会课"作为日常管理的落脚点,少先队负责制定班队会教育计划,提供教育主题和内容,德育处和少先队联手负责监督和检查班队会的落实,确保周周有主题,专时且专用。

（2）带班育人方略

"带班育人方略"是我校"师带徒"校本培训中的第二个落脚点。这是在"班队会"主题系列培训的基础上，着力开展的第二项培养计划。我们请参加过北京市基本功大赛的王硕老师给班主任做培训，结合自身经验对"班主任带班育人方略"进行详细解读，下学期，我们将在打造"班级文化"，提升"育人思想"上下功夫，要求每位班主任认真梳理班级管理经验，撰写《带班育人方略》，重点营造"有温度的班集体"，提高班级文化建设整体水平。

（四）细化"班主任考核评价方案"，推进班主任精神引领

打造具有明确的奋斗目标、严格的纪律规范、优良的班风文化，让每个学生都有归属感、荣誉感、幸福感的班集体，是对班主任提出的要求，而班级文化建设最终考验的就是班主任老师对学生的爱心和用心。学校加强班主任考核评价力度，在原有《班主任考核评价方案》的基础上细化三级评价指标，将"班级文化"作为重点考核内容，突出符合学生年龄特点的班级文化特色设置，强调班级环境内容时常更新，体现让学生真正成为班级建设的主人。通过考核评价推进班主任精神引领，促进班主任加强"班级文化建设""班级认同感"方面的教育管理力度，逐步实现班级管理标准化、精细化、系统化，在打造向阳小学"有温度的教育"过程中，营造"有温度的班集体"。今后，学校将继续打磨班主任基本功，持续开展"师带徒"培训，加大细化评价与考核，为德育工作开拓新视角，积累新经验，开创新局面！

第六章 合育"1+N":以爱育爱

学校遵循教育规律,协同育人,在做事能力与做事情感上引导学生向上向善。学校隐蔽教育目的,让学生玩中学、做中学,学生自主选择、学校搭台、学校社会家庭一体化合育,以爱育爱。

一、成立合育中心,构建合育工作机制

为深入贯彻党的教育方针,遵循《燕山"联盟助'教'·统筹促'育'"区域化党建联盟章程》,落实《北京市教育委员会关于加强中小学生劳动教育的实施意见》京教基一[2015]9号文件精神,发挥协同育人优势,积极构建"尊重并支持孩子发展的家庭生态圈、校园生态圈、社区生态圈",向阳小学在征得以下各单位和个人同意的前提下,成立合育中心。即燕山向阳小学为牵头单位,以燕山石化关工委、燕化离退休工作站、燕山教委关工委、燕山迎风街道、燕山向阳街道,以及向阳小学家长委员会为成员的协作组织。公约如下:

一是协同育人,目标一致。总目标是培养自理自立、心灵手巧、孝亲爱校暖社区的小公民。分级目标:初级—体贴爸妈,自己的事情自己做,培养自理好孩子;中级—关爱学校,班级的事情主动做,培养自立好学生;高级—情暖社区,大家的事情学着做,培养自强好公民。

二是遵法守规、保障安全。各辅导员和成员单位要遵守《未成年人保护法》,以社会主义核心价值观为准绳,不得鼓动学生违法或向学生宣传封建迷信;不得向学生变相收取费用盈利。强化安全意识,履行安全职责,坚持谁组

织谁负责的安全管理原则，对学生进行必要的安全教育，保障学生活动场所安全。

三是服务学生、形式多样。满足不同年龄阶段学生需求，引导他们"做中学"。如家政、烹饪、手工、园艺、非物质文化遗产传承、劳动竞赛以及燕山地区教育基地农业体验、工业体验、商业服务、社区志愿服务、参观访问与倾听劳模报告会等学生喜闻乐见的形式开展劳动教育。

四是明确职责落实任务。牵头单位职责：依据学校总体规划，向阳小学每学年初确立或增免学生校外教育辅导员及劳动实践活动基地；平时要主动组织成员单位和辅导员开展对话、沟通与实践教育活动，定期征求成员单位意见和建议、布置阶段性任务；有专项经费用于校内学生活动和表彰、家长培训等；注重对教育活动的通讯报道，营造关心支持青少年成长的舆论氛围，促进各成员单位的合作共赢。

各成员单位职责：紧扣育人目标，在向阳小学主导下，发挥各成员单位资源优势，为孩子们提供实践学习考察的机会、配备必要的工具、安全有序的环境、树立学习的榜样（师傅）、鼓励支持孩子们的教育实践活动，确保实践教育同向合育。

坚持问题导向，从现阶段学生薄弱的劳动教育入手，为每位学生开辟"三岗一地"，即建立家庭劳动岗、校园工作岗、社区服务岗以及一块就近社区实践基地。发挥各成员单位和辅导员的优势，重点开发向阳小学校本《整理》课程，强化学生的劳动体验，培养劳动兴趣、磨炼意志品质、激发创造能力、提升劳动技能、养成劳动习惯、培养学生对家庭、社会的责任感，引导他们明白"生活靠劳动创造""人生也要靠劳动创造""劳动光荣、劳动伟大"，促进学生身心健康、全面发展。

五是及时沟通、正面宣传。首先，建立例会制度，每月一次例会，通报活动情况，布置下阶段工作，交流活动心得体会。对因病或其他正当原因不能开展教育活动的个人和成员单位，请提前告知学校，以便及时调整，不影响学生学习和实践活动。其次，正面激励，宣传报道：强调对学生个体和团队进行正面激励，建立年度表彰机制，主题实践活动要力争通过多渠道宣传报道，向社会传递正能量。

总之，落实习近平总书记关于"要在学生中弘扬劳动精神，教育引导学生崇尚劳动、尊重劳动、懂得劳动光荣、劳动最崇高、劳动最伟大、劳动最美好的道理，长大以后能够辛勤劳动、诚实劳动、创造性劳动"，为培养德智体美劳全面发展的社会主义建设者和接班人提供支持和保障。

二、家校协同，创新合育模式

一直以来，学校坚持把家长学校工作作为一项常规工作来抓，在全面推进素质教育的进程中，努力探索一条家长学校教育新途径。为培养孩子良好的道德情感和行为习惯，转变家长教子观念，提高家长的教子水平开展了一些工作，也取得了较好的效果。在学校领导的关心下，在全体学生家长的支持下，学校家长学校各项工作开展得有声有色，受到了家长、社会的高度评价。

（一）整合多方资源，培养学生综合素养

学校非常重视家庭、社会与学校的"三结合"教育，努力办好家长学校，定期召开家长委员会工作会，共同商讨教育问题，形成教育合力推动学校德育工作有效开展。

习近平总书记强调："要在学生中弘扬劳动精神，教育引导学生崇尚劳动、尊重劳动、懂得劳动光荣、劳动最崇高、劳动最伟大、劳动最美好的道理，长大以后能够辛勤劳动、诚实劳动、创造性劳动"。在这一精神指引下，我校联合燕化公司关工委、燕化公司离退办工作站、燕山迎风街道召开"合育中心"工作务虚会。会议讨论了《合育中心工作纲要》并商议"合育中心"启动大会的相关议程，为接下来一系列工作的开展奠定了良好的基础。

2018年12月14日，我校在阶梯教室举行了"合育中心"成立启动仪式，燕山教委、燕山教委关工委领导、燕化公司各工作站站长、街道社区代表、向阳

小学家长委员会成员参加活动。成立仪式上，我校为劳模辅导员、校外辅导员及家长辅导员颁发聘书，并为各劳动实践基地颁牌。积极构建了家庭、校园、社区三个生态圈。

启动仪式后，我校合育中心示范班级于2018年12月27日，来到燕化公司离退办迎风四里工作站参加了主题为"青少年如何培养好习惯"的讲座活动。讲座由我校聘请的校外辅导员杨雨荣老师主持。他结合"青少年如何培养好习惯"这个主题，从自身实际出发，向同学们讲述了养成良好习惯的重要性。本次活动紧扣育人目标，发挥了协同育人优势，在活动中关注青少年健康成长，是一次有意义、有内涵的活动。

寒假将至，我校合育中心结合区级社区实践活动一览表，制定符合学生实际的"劳动责任岗"，让学生真正走进社区，固化责任岗并坚持下去。让"为社区服务"不再是一句口号。未来我们将以学校示范班为龙头开展"整理课程"，从生活中的点滴小事做起，为学生一生拥有好习惯奠基。

总之，学生劳动习惯的培养不是一蹴而就的事情，需要我们慢下来，有计划、有条理、有系列、有效果地实施。劳动合育中心就是一个载体，可以满足不同年龄阶段学生需求，引导他们"做中学"。我们也将通过劳动合育中心，培养出自理自立、心灵手巧，孝亲、爱校、暖社区的小公民。

（二）开发家长课程，拓宽德育管理渠道

学校重视与家庭、社会教育的配合，多渠道、多形式开展家校合育教育课程，学校利用家委会成员提供的课程资源信息，邀请专业人员入校上课，拓宽了学校课程，将德育教育合力最大化，让更多的学生受益。

学校定期邀请学生家长及代表参与学校授课，丰富课程资源，目前已开设三类课程：健康、安全和走进燕山石化。如302班家长为学生开设的健康知识讲堂，从专业的角度为学生讲解，提升了他们的健康意识和能力，目前已经开设两期。

我们还邀请202班家长及燕山石化高科技技术有限公司3D技术研发团队，走

进学校，走进课堂，与学生一起体验科技的神奇与魅力。学生们在愉快的体验、交流中，开阔了视野，提高了动手能力，增长了知识和环保意识。他们又将环保课程带入课堂，让学生进一步了解了我们的燕山石化。

此外，还有305班家长为我们提供的安全课程，北京市慈善义工联合会青少年安全专委会的教官团队定期来我校开展消防逃生、户外涉车安全、书包防卫、女生防卫等公益课程，提高了学生的自救自护意识和能力。目前我们已经建立了长期的合作关系，他们将定期给学生免费授课，为学生的安全保驾护航。

（三）组织家长培训，提升育儿整体水平

为更好地开展家长学校工作，学校定期召开家长学校培训研讨会。我们邀请知心姐姐朱虹老师以"家校合作谋发展"为主题，针对学生养成教育给家委会成员进行辅导，燕山教委关工委领导也走进我校，一起参与研讨。朱虹老师的讲座令在场的每一位收获良多，引发大家更多的思考和审视。讲座结束后，家长和领导、老师们围坐在一起展开了热烈的讨论，交流教育中的困惑、问题、经验、策略等等，并纷纷给学校提出宝贵的建议和意见，为学校发展，为学生的教育献计献策。

会后，家长还留下感言：今天听了朱虹老师的课明白了两个事情，一是当我们发现孩子的毛病时，我们先查找一下自己，反思一下自己的行为，人们常说孩子是面镜子，孩子身上的涵养就折射着父母的涵养；二是教育是关注孩子的成长，这里既包括知识的学习也包括性格的养成、心理的健康等，试着多理解理解孩子，更多的关注他们的心理健康，每个孩子都是一个花骨朵，只是因为花期的不同而已，各有各的芬芳，同学们之间要学会相互学习、多发现别人的优点！

家长学校工作的有效推进促使学校更好地发展，使得更多的家长和学生受益。今后，我校将一如既往地重视此项工作的开展，让家长放心，让学生满意。

如果说"一名好校长就是一所好学校",那么一名好家长就是一个好家庭,一个好家庭就是一部"优秀教科书",是一种优质的教育资源。在新课标背景下,学校不再是封闭的文化孤岛,同家庭文化有着密不可分的联系。家庭文化,家长资源非常丰富,合理开发和整合家庭优质教育资源,对学生健康成长和学校持续发展具有重要意义。

向阳小学家校协会组织机构及制度

一、家长委员会工作制度

1. 向阳小学依据《中华人民共和国教育法》第四条"全社会应当关心和支持教育事业的发展"的规定,成立向阳小学家长委员会。

2. 家长委员会的宗旨:团结学生家长,充分发挥家长对学校教育教学工作的参谋、监督作用,把学校教育与家庭教育有机结合起来,促进学校教育改革,提高教育质量。

3. 家长委员会的主要职责

(1) 广泛搜集家长对学校的意见和要求,定期召开家长会议,交流家庭教育的情况和经验。

(2) 关心、了解学校工作,对学校的办学方向、教育质量、教师工作、行政管理等方面提出建设性意见,做出适当的评价,实行必要的监督。

(3) 大力支持学校工作,为办好学校而开展的重大教育、教学活动提供可能的帮助,做好学校与家长的协调工作。

(4) 探讨如何使学校教育与家庭教育结合起来。

(5) 协助学校调节学校与家庭之间的争议。

4. 家长委员会成员,必须具备下列条件:

(1) 关心教育事业,乐于奉献公益事业,有一定的组织能力和文化素养。

(2) 懂得一定的教育规律,关心学校,能为学校工作出主意、提意见。

（3）具有较丰富的家庭教育理论，或在子女教育中，有较成功的经验。

5. 家长委员会委员由各班主任根据实际情况推荐或家长自荐组成家长委员会。

6. 与学校紧密协作，发动家长配合学校做好学生各项教育工作。

7. 配合学校教育思想，宣传家庭教育的重要性，传播、交流家庭教育的科学知识和经验，促进家长创设有利于孩子学习、成长的家庭方法。提高家长的认识，树立新时代的家长形象，使家长在家庭教育中起积极作用，做孩子的表率、典范。

8. 协调学校与社会、家庭的关系，增强教育的合力。动员所有家长，积极学习教育知识，参与学校组织的家长活动。

9. 广泛搜集家长对学校的意见和要求，分析、归纳家长们所反映的问题，将有关意见、建议及时提供给学校。

10. 通过参与学校的家长会，关心、了解学校工作，对学校的办学方向、教育质量、教师工作、行政管理等方面提出建设性意见，做出适当的评价，实行必要的监督。

11. 结合实际情况，组织家长协助解决学校、年级在教育教学中出现的具体问题。

二、家校联系制度

1. 做好家访等家校联系工作，及时向家长介绍教育重点和要求，给家长参与的机会。

2. 班主任随时了解家长对学校的建议。

3. 进行家校联谊，使家长了解和掌握正确的家庭教育知识。

4. 每学期召开全校性家长会两次，使家长了解学校及教师的工作，也更清楚地看到自己孩子的学习和生活过程。

三、家长学校监督、检查、反馈制度

1. 校长及各部门领导经常在家长委员会会议上与会员研究家庭教育指导工作的现状和问题，听取各种反馈意见，及时改进指导工作。

2. 各班主任经常检查、督促各家长委员做好指导家庭教育的工作，密切与校外有关方面的关系，争取社会力量的支持。

燕山向阳小学家长委员会章程

第一章　总则

第一条：家长委员会是联系家庭与学校的桥梁。为了充分发挥家长对学校教育的参谋和监督作用，进一步增强家长与学校之间的联系，明确家庭教育职责，积极构建学校、家庭、社区三位一体的育人网络，共同培育适应社会的多型人才。根据学校实际，特制定本章程。

第二条：学校家长委员会的宗旨是宣传和贯彻国家有关教育法律、法规和政策，充分发挥家长对学校教育活动和管理的参谋、监督作用，为家长、社区支持参与学校管理提供搭建平台，办人民满意的学校。

第二章　任务

第三条：家长委员会的作用

桥梁：联系学校与家庭、家庭与家庭之间的桥梁。

教育：搭建家长交流正确教育经验与方法的舞台。

评价：参与学校校务会做好对学校的年度评估工作。

第三章　组织

第四条：家长委员会须为在校学生的家长。凡热心教育事业，善于教育子女，自愿热心于公益服务，为人正直，有一定的家庭教育或学校教育经验的家长均可被推荐、选举为家长委员会。

第五条：家长委员会由学生家长自荐或推荐，征求各方面意见，由家长民主选举产生。

第六条：家长委员会根据每学期班级额数确定委员数。

第七条：家长委员会每两年换届，每年视情况增补一次。

第四章　职责

第八条：家长委员会职责

一、组织职责：定期组织召开家长委员会会议，听取学校关于发展规划、教育教学工作安排等方面的情况介绍，就学校发展中的重要问题进行研究，为学校的发展献计献策。

二、沟通职责：建立家长委员会和学校定期沟通协调的议事机制，就学生家长、学生、社会等反映的有关问题及时与学校进行沟通协商。

三、宣传职责：积极向家长和社会宣传解释学校工作制度和工作措施，协助学校开展家庭教育工作；做好家长思想工作，动员所有家长，积极学习教育知识、参与学校活动和家长培训。尊重教师劳动，在精神上关心、鼓励、支持教师依法履行职责，大力宣传教师教书育人的先进事迹，宣传学生家长尊师重教典型事例。不断增进家长对学校工作的理解和支持，促进家庭教育与学校教育协调一致。

四、参与职责：选派家长委员列席学校校务、教务等会议，与学校一起组织家长听课，参与对学生和教师的评价，帮助学校改进和完善教育教学工作。

五、服务职责：积极参加学校志愿者服务工作，支持和帮助学生的校外实践活动，为学校和学生开展社会实践活动提供方便。

第五章　权利和义务

第九条：家长委员会有以下权利

一、获知学校的发展规划、办学目标和工作计划的权利。

二、有权对学校的教育发展、教育教学和日常管理工作提出意见和合理化建议的权利。

三、有权对学校工作及教职员工给予监督和评议的权利。

四、家长委员会向学校反映的意见和要求，学校应尽快给予合理的答复。

第十条：家长委员会有以下义务

一、密切联系广大家长，积极收集家长对学校、班级管理及教师在教育教学等方面的意见和建议，积极引导家长按程序提出自己的意见或建议，及时向家长委员会和学校反映家长的意见或建议。

二、自觉遵守家长委员会的有关规章制度，积极完成家长委员会分配的各项工作。积极宣传学校的治校方针、办学理念，努力协调家长与学校以及学校与各有关部门之间的关系。

三、积极参与、配合学校举行的重大教育活动，协助学校加强民主科学管理，帮助其他家长提高教育子女的水平。

四、对学校公益事业给予大力支持和理解，主动为学校的公益建设和事业发展提供精神或物力上的帮助和支持，发动家长共同解决办学中的困难。

五、成立家庭教育讲师团，并开展家庭教育科学研究，举办讲座、报告会，促进研究成果的转化，提升家长学校效应，使科学家教"进学校、进社区、进家庭"。

第六章　工作程序和方式

第十一条：家长委员会工作程序

一、学校、家委会原则上每学期举行会议不少于一次，征集来自年级家长委员的信息，研究部署召开会议内容、时间、方式，并通知全体委员。各位委员接到通知后，根据会议内容，走访家长、社会，吸收、了解家长和社会对办好人民满意的学校的意见建议，如：学生作业负担、教师工作态度、师德表现、学校办学行为等，书面提供给学校。

二、家委会对搜集到的家长育子经验，教育案例，成功做法以书面的形式发至家长参考。

三、学校家委会、年级家委会在不影响家长本职工作，不增加负担的情况下主动与学校联系开展工作。

第十二条：家长委员会工作方式

一、列席参加学校有关学生素质教育、师德师风建设等各种会议和重大活动，并提出改进意见和建议。

二、广泛参与学校校务公开活动，对拟公开内容进行建议性审核，校方进行必要的补充和修正后，方可实施相关的公开工作。

三、在学校的指导下，结合师德建设，每学年度组织家长开展一次"家长满意的教师"评议工作。

四、本着家长自愿与量力而行的原则，发动和组织家长利用自身特长和优势，担任志愿者，参与学校建设等服务性工作。

第七章　经费

第十三条：学校应积极为家委会提供经费支持。

第十四条：家委会应积极动员企业、部门提供场地或经费，主要用于组织开展活动，在保证安全的前提下，组织学生到社会中实践。

第八章　附则

第十五条：学校对家长委员会应加强指导和管理。家长委员会违反教育法律法规和政策时，学校要责令纠正。

第十六条：本办法自公布之日起施行。

燕山向阳小学家长委员会

（四）开展"家庭教育指导师"培训，提升育人能力

为了让每一位学生都能健康成长，学校组织开展"家庭教育指导师"培训计划，立志于让每一位教师、每一位家长都成为教育的"能家里手"，让每一位教师都成为学生成长引路人，让每一位家长都成为有智慧的家长。教师和家长一起学习育儿经验、方法和策略，了解前沿育儿思想和理论，家校携手共同提升教师和家长的育人能力，全面提高家庭教育指导水平，为学生健康成长提供更好的教育，促进学生德智体美劳全面发展。

学校定期开展家庭教育培训活动，为教师和家长提供育儿书籍和线上线下培训课程。通过组织教师和家长研读教育书籍，撰写读书笔记，开展经验交流分享，听取专家讲座等培训形式，转变教师和家长的教育观念和思想，提升指导学生发展的教育能力。

"家庭教育指导师"培训项目采用线下线上相结合的方式进行，培训团队由教育专家、学校领导和学校骨干教师、紫禁杯班主任、优秀班主任组成，每月围绕主题开展培训活动（可依据实际作相应调整），参训教师和家长结合学习内容记录笔记，撰写心得，通过专家引领，经验交流分享，提升育人能力，助力学生健康发展。

课程具体安排：

研修时间	研修内容	研修主题	研修要求
2021.10	线上课程培训	"家校共育，立德树人"2021年家庭教育公开课——第八期《孩子要上一年级，你准备好了吗》	为孩子尽快适应小学生活打好基础，为顺利度过入学适应期做好准备，是家长的责任。推荐给一年级家长，做好学习笔记，记录自己的学习体会、感悟和想法
2021.10	线上课程培训	孩子固执、顶嘴，和父母喜欢说"反话"有关	家长要努力成为学生生活的良师、榜样。学习育儿指导文章，做好学习笔记，记录自己的学习体会、感悟和想法

续表

研修时间	研修内容	研修主题	研修要求
2021.11	线上课程培训	"家校共育，立德树人"2021年家庭教育公开课——第一期《找回童年破解育儿焦虑》	与孩子保持良性互动，坚持成为与他们并肩而行的朋友，并不断扩大这种亲子沟通的累积效应。认真听视频课程，做好学习笔记，记录自己的学习体会、感悟和想法
2021.11	线上课程培训	"家校共育，立德树人"2021年家庭教育公开课——第三期《建构和谐的亲子关系》	营造良好的亲子关系，健康的亲子关系会影响孩子的一生。认真听视频课程，做好学习笔记，记录自己的学习体会、感悟和想法
2021.12	线上课程培训	"家校共育，立德树人"2021年家庭教育公开课——第四期《家庭运动习惯养成教育》	掌握孩子运动及动作技能发展的基本规律，了解不同年龄阶段适宜参与哪类运动。培养孩子的运动习惯，并保持长期性、坚持性。认真听视频课程，做好学习笔记，记录自己的学习体会、感悟和想法
2021.12	线上课程培训	"家校共育，立德树人"2021年家庭教育公开课——第六期《成已达人的劳动教育》	家庭劳动教育是成己达人的最好途径，在劳动中成就孩子。认真听视频课程，做好学习笔记，记录自己的学习体会、感悟和想法
2022.1	线上课程培训	"家校共育，立德树人"2021年家庭教育公开课——第七期《家庭中青少年价值观的养成教育》	家庭中的青少年的养成教育，对一个人未来成长路上的价值追求、一生的奋斗目标，具有十分重要的奠基意义。认真听视频课程，做好学习笔记，记录自己的学习体会、感悟和想法
2022.1	线上课程培训	"家校共育，立德树人"2021年家庭教育公开课——第九期《儿童品格培养和心理健康》	品格对于学生健康发展具有十分重要的价值和意义。认真听视频课程，做好学习笔记，记录自己的学习体会、感悟和想法
2022.2	线上课程培训	"家校共育，立德树人"2021年家庭教育公开课——第十期《家校共育中的责任划分》	教育的使命是"家校社"整体共育，在信任、尊重、互助的基础上进行良性沟通，为学生营造良好的育人氛围。认真听视频课程，做好学习笔记，记录自己的学习体会、感悟和想法

续表

研修时间	研修内容	研修主题	研修要求
2022.2	线上课程培训	"家校共育，立德树人"2021年家庭教育公开课——第十一期《培养孩子创新思维品质》	创造力的发展在儿童时期环境氛围的营造引导尤为重要，让孩子的思维以及创新能力得到很大的提高，可以让孩子受益一生。认真听视频课程，做好学习笔记，记录自己的学习体会、感悟和想法
2022.3	线上课程培训	"陪伴是最好的教育"培训经验分享	经过一个学期的培训学习，相信您在育儿方面已经有了很多的收获、感悟，请将自己的学习体会，以及在家庭教育中的经验、反思进行归纳总结，与大家分享，共同提升家庭指导能力
2021.3	研读育儿书籍	心理抚养比物质抚养更重要，性格比能力更决定命运	认真研读犯罪心理学家李玫瑾著作《心理抚养》一书，做好学习笔记，记录自己的读书体会、感悟和想法

（五）依托家校合育，促进学生"德行统一"

在我国当前的教育实践中，在学生的教育方面，家庭教育和学校教育都面临着困境。在家庭教育与学校教育相结合方面，无论是家庭还是学校都存在不同程度的认识上的偏差。从学校方面来看，部分学校的领导和教师站在教育者的立场上，更多强调的是家长要对学校教育给予支持，学校要对家庭教育做出指导，家庭教育要配合学校教育。从家庭方面来看，一些家长缺乏参与学校教育的意识，没有认识到参与是自己的权利与义务，更有少数家长错误地将自己的职责定位为赚钱养家，供子女读书，而将教育孩子的责任全部推给学校。家校双方共育意识不强，在学生出现问题时，双方总习惯于处在自己的立场上而去怪罪对方：学校抱怨家长不配合，家长抱怨学校教育方式方法不对。另外，分析当下儿童的特点，多数学生在家是独子，由于生长环境及家庭结构等诸多方面的原因，造成当下儿童在德行方面问题多多，主要体现在：多数儿童将品德仅仅停留在口头上，说起来头头是道，做起来却难上加难，这就是我们常常说的"说一套做一套";还有部分儿童,在学校是个"乖乖生",回到家就是"小皇帝",德行不统一,阻碍儿童的发展;还有更甚,目前我校几乎每个班级都会有学生规则意识淡薄,我行我素,德行能力极度欠缺,令教师很是头疼,家长更是束手无策,这虽是学生中的少数,但教师们依然认为在教育教学中也是不容忽视的大问题。

由此现象,我们认为,"学生道德认知与道德行为的不统一"极大地阻碍了学生的发展,也与时代的需要相背离,因此,在德育课程中探寻培养学生"德行同一"的策略研究已经迫在眉睫。针对上述现象,加强家校合育提升学生德行统一,不仅是学校教育的现实需要,也符合当今世界教育发展的趋势和潮流。于是,在小学道德与法治课程教学中,依托家校合育,深入挖掘家庭资源,努力探索促进学生"德行统一"的实施策略。我们从以下两个方面展开探索。

1. 呈现教学研究中的问题

《这些事我来做》一课是课题实验教师上的一节研究课。下面以此课为例,说一说我们的研究过程。在课前教师做了认真的调查,不仅设计了学生调查表,分别向家长和学生做了对家务活动看法的调查,其中学生调查表的内容有:做家务有哪些好处,让学生去观察父母一天的劳动并记录劳动时间,让学生通过采访家长、上网查找等方式收集家务劳动的好处,以及家务劳动的小窍门等等。

为保障家务劳动资料的丰富性和全面性,教师自己还从网上找了大量的有关家务劳动的资料。此外,为创设良好的教学情境,教师还把教室布置成家的样子,把教室分别布置成不同的区域,有卧室、有厨房、有客厅,引导学生在这种接近真实场景中去感受、去思考、去回答。

一节课热热闹闹的上完了,授课教师所用的家庭资源也是颇为丰富,但是收到的效果并不大。在课后反馈中,一些孩子被问起"这堂课你们学到什么",他们中的不少人回答不出来。即使有少数能说出来的,也是孩子从原有生活中已经习得的，这节课孩子并没有太多新的收获。

　　课后，课题组成员结合本课进行研讨，发现了其中问题所在：授课教师注重搜集各种资源，注意到各种资源的使用，但教师只是为了本课形式上的丰富而用，没有明确为什么要用，教师的资源应该为谁服务。教师课前做了那么多调查，只是得到了调查的结果，并没有深入分析结果背后的原因是什么。概括的说，就是教师收集了丰富的教学资源，却没有深挖这些资源，使得我们的课堂教学只是资源的罗列与堆积，并没有充分发挥其真正的价值。针对以上这些问题，我们开展实践研究。

　　2. 有效运用资源的研究与实践

　　策略一：深入开展调查分析，为有效教学服务

　　为更科学、更有效地开展课题研究，课题组围绕第一个研究策略"深入分析资源为教学服务"，针对调查问卷中呈现的信息进行深入地分析，针对问题在实践过程中加以选择利用，使教学研究为课堂、为学生更好地服务。

　　下面列举几个在研究中的调查分析，用以说明家庭资源在课堂教学中的重要作用，在培养学生德行统一的过程中，家庭资源也是不容忽视的有效资源，下面通过几个调查分析，进行具体说明：

　　（1）《这些事我来做》一课课前调查与分析

　　分析调查，从结果中我们不难发现孩子不会做家务、做不好家务、不能长期坚持做家务的非常重要的原因与家庭，与家长有着密不可分的关系：38人中30人的家长认为孩子太小，担心摔倒烫伤，所以不让做；4人的家长认为学生帮倒忙，干不好；3人的家长认为耽误时间影响学习；仅仅1人的家长支持自己的孩子做家务。由此也反映出，学生在成长过程中，家庭教育以及家庭的影响对其影响之大。针对这样的资源信息，课题组教师把本课的教学重难点进行调整，将其落在解决孩子在家务劳动中遇到的实际问题上，让课堂教学更具实效。

（2）《向阳小学小学生参与家务劳动情况家长调查问卷》研究与分析

问卷第2题："您的孩子在家能主动做家务吗"，这一选项中能够能主动做并坚持做的学生占30%；偶尔主动做一点的学生占59.38%；很少主动，家长要求才做的学生占10.63%。

问卷第5题："您平时带着孩子一起从事家务劳动"，从结果中，我们不难发现，经常带学生一起做家务的家长之占30%，有时带着孩子做家务的比例超过了调查人数的一半53.13%，也就是说，大多数家长也是没有计划性的培养学生这方面的能力。还有13.75%的家庭采取很少带孩子参加家务劳动的选择，这样孩子在这个方面得到的锻炼就少之又少了。

（3）《向阳小学小学生日常行为与品德自我调查问卷》研究与分析

问卷第20题：在调查的650名学生中，经常做家务的仅占三分之一左右，偶尔做的学生也只有64.34%，从来没有做的学生占2.88%，对比上面《向阳小学小学生参与家务劳动情况家长调查问卷》中第5题的分析结果，可以看出，家长对于家务劳动这项生活技能的培养，家长的态度和行为的选择，与学生的表现有着直接或间接的关系，家长的教育和培养对学生的能力、素养的提升有着直接的影响。

结合上述三个调查与分析，我们看到，虽然家长明确知道学生在做家务这一项上的能力有所欠缺，但是，在培养学生掌握相应的家务劳动能力的教育和引导问题上意识需要在提升。因此，在我们的研究中不仅要提高学生的意识和能力，在此过程中提升家长的意识，改进家长教育方式也是很有必要的。

策略二：有效利用家庭资源，为学生成长助力

为更有效解决课前分析中的问题，我们认为，家长的作用也是不容忽视的，因为培养学生德行同一的研究过程中离不开家长的帮助、指导和鼓励。

（1）让家庭资源成为课堂活动的载体

在《这些事情我来做》一课中，实验教师把家庭资源引入课堂，创设"探索原因，激发动力""主动沟通，得到支持"环节，围绕做家务这些事，在

"寻找原因"的过程中探寻不能做家务、不会做家务、做不好家务的缘由,在问题探究中了解和体味家人的想法,在师生深入讨论中感悟家人的爱,学会体谅家人。我们说,沟通是一门艺术。如果能有智慧地和家人进行沟通,就可以取得家人的支持,获得更多的锻炼机会。为此,授课教师设计了"主动沟通,得到支持"环节,解决前调查显示的学生生活中呈现的问题。活动中,教师和学生进行交流,使学生懂得了合理规划时间让父母放心,不断提高能力让父母开心,写信与家人说说心里话,让他们更了解自己等等,这些都是智慧的沟通方法,在生活中可以进行尝试。课上,授课教师还将《家长的一封信》(见附录4)带给学生,让学生读信谈感受,在交流的过程中感受家庭的支持、帮助、温暖。"一屋不扫,何以扫天下""智能之士,不学不成,不问不知",要想让学生在生活中真正成为家庭的小主人,家人的小帮手,就需要长期不懈的坚持,学会主动与家人沟通,在家人的帮助和指导下掌握更多的家务技巧,使得每一位学生都能够拥有更多的机会提升生活能力,都能够更好地做到体谅家人、照顾家人,体现家庭责任感。

(2)让家庭资源成为学生成长的助力军

我们说,学生的成长不仅局限于课堂中,更重要的生活中锻炼。尤其诸如"我与家庭"系列课程内容更是需要家庭的配合。例如,《这些事我来做》这一课,教师就将家长资源由课上的助力,延伸到课下的辅助。课上,面对做家务中出现的一系列问题原因,授课教师基于学情,创设"探索原因,激发动力"活动,从自身角度启发学生发现做家务有很多好处,可以为今后的生活打下良好的基础,养成生活中的好习惯,成为有责任的好少年,激发自身内驱力。课上教师呈现向阳小学合育中心(学校携手家庭、社会而成立的培养学生劳动素养的合作组织),将合育中心试验班的学生采访引入课堂,向同学们介绍在家长的帮助下,经过一年的努力尝试,在家长的指导和支持下学生做家务的收获和成长,通过榜样作用进一步激发学生愿意做家务、乐于做家务的主动性和积极性。在此环节,家庭资源的运用则从课上延伸到课前,学校教育与家庭教育有机结合，课上所学与课下所获相结合，通过家校携手教育使家庭资源成为助力教学、助力学生成长的有效生力军。与此同时，在参与的过程中家长的教育思想和意识发生着转变，家庭教育方式也在潜移默化的改变，这些变化同时又反作用于学生的成长，更有效的促进了学生行为习惯的转化，课程教育教学效果也随之提升。

研究发现，在小学道德与法治课程教学中，教师应该注重课程资源的分析和取舍。家长资源的力量是无限的，教师要善于灵活运用家长资源为教学助力，为学生搭建成长平台。在家校合育的过程中，家长的道德情操、育儿经验和专业技能，都是一种宝贵的教育资源。教师要勤于收集学生在家庭中的表现，要关注家长对学校教育的建议和意见，随时与家长交流育人心得，耐心帮助家长分析解决教育问题，指导家长改进教育子女的方法，帮助家长做孩子生活上的朋友，学习上的伙伴，改变了家长打压、溺爱、放纵等不良教育习惯，切实增强教育效果，实现合作共赢。

三、建设劳动教育体系，提升劳动素养

劳动教育越来越受到重视，教育部、共青团中央、全国少工委颁布了关于加强中小学劳动教育的意见；北京市中小学生劳动教育督导评价体系也在进一步完善中。关于劳动教育的研究越来越多，在这种背景之下，我们的课题如何融汇上级精神指示进一步深化、如何把劳动教育做到实处、如何保证我们的特色是需要深入思考和研究的。中小学劳动教育势必要把学校劳动作为重点来抓，在现有的劳动平台基础上，拓展劳动内容和渠道也是非常重要的。尤其是在保证文化课和课外活动正常开展的情况下，我们的劳动教育如何润物无声是一大挑战。

目前校外劳动我们主要以农事教育基地为主，但是参与的次数和人数比较有限，而且主要是进行农事体验，还应该加入工业体验、商业和服务业实习等劳动实践。但是这些资源的开发和使用，对于我们来说也是一个挑战。我们的

各项活动还是以示范班的老师为主,号召并带动全员参与到劳动教育中来,也是一个比较大的挑战。我们研究的内容比较丰富但评价方式还比较单一,目前主要是通过评选"劳动小达人"的方式来激励学生坚持劳动。在真正认识到"劳动光荣"上还需要进一步引导,需要设计出更有深度的劳动教育评价体系。

疫情期间,线上线下融合教学时期,如何落实立德树人根本目标成为一个新的命题!学校利用"合育中心",开启"1+N"教育模式,秉承一个教育宗旨,围绕一个核心理念,启动"N"种教育策略,激发教育正能量,将"五育并举"进行到底。

(一)秉承"1"个宗旨,细化三级目标

在"关怀教育"指引下,在办"有温度的教育"过程中,向阳小学遵循中共中央、国务院印发的《关于全面加强新时代大中小学劳动教育的意见》,从新时代教育方针的高度突出强调劳动教育的重要地位,要把劳动教育纳入课程体系的文件精神,秉承"五育并举"教育宗旨,发挥"合育中心"协同育人优势,积极构建"尊重并支持孩子发展的家庭生态圈、校园生态圈、社区生态圈"。

学校深入贯彻习近平总书记系列重要讲话精神和治国理政新理念新思想新战略,以社会主义核心价值观为引领,发挥实践育人功能,结合学生身心发展特点以及课程教学改革,以课程为核心,以实践为重点,将合作育人总目标细化为三级——初级目标做到体贴爸妈,自己的事情自己做,我是自理好孩子;中级目标达到关爱学校,班级的事情主动做,我是自立好学生;高级目标达成情暖社会,大家的事情学着做,我是自强好公民。

面对以往劳动教育的缺失,向阳小学"合育中心"通过与燕山石化关工委、燕化离退休工作站、燕山教委关工委、燕山迎风街道、燕山向阳街道、燕山职业学校等多家单位携手,联合开展的"三岗一地"劳动实践活动,正在有声有色进行中。

（二）启动"N"种策略，落实五育并举

2020年年初，面对特殊形势的考验，向阳小学"合育中心"团队调整工作模式，通过"线上云端"架起"网络心桥"，与学生隔屏相见，陪伴他们以一种全新的方式进行学习。

1. 结合当下，开启"私人订制"

融合教学时期，学校对于学生的教育从未松懈，充分挖掘利用校内外教育资源，为我校学生量身打造育人课程。学校合育中心研发团队合力开发"私人订制"劳动课程、整理课程，学校为学生学习专门设计了《家庭劳动责任岗学生实践活动记录表》和《家庭劳动责任岗学生实践活动反馈表》，邀请家长辅导员指导并监督学生坚持每天完成，学校根据学生需要合理调整家庭劳动岗的内容，促进家庭劳动责任岗扎实有效推进。

"家庭劳动岗"是向阳小学合育中心成立以来连续推出的系列劳动教育实践活动。在这个不一样的假期，学校依据学生学习生活的需求，从"讲卫生爱健康、做家务爱劳动、收拾房间会整理、锻炼身体强体质"四个方面为学生开设微课程，号召全体学生行动起来，在学习之余，加强身体锻炼，提高生活技能。鼓励学生向家长学习，做一些力所能及的家务活，比如：扫地、擦桌子、洗碗、整理房间、洗小件衣物，高年级学生还可以学习钉扣子、给家人做一道菜等等。借助"五一"劳动节，学校对优秀学生进行表彰，目前已经有100余名"劳动小达人"及50个家庭受到表彰。

学校注重与家庭的沟通融合，在落实"私人定制"实践课程的过程中，抓住家校教育融合点，做足前期准备，做实过程监管，做好后期推进。我们通过班级微信群和学校公众号推送、宣传学生劳动成果，及时反馈学生"知情意行变化"，促使学生们在精心讲解、认真辅导、心手相传的过程中，学会分享，懂得合作，改变思维方式，提高家务劳动综合能力，在学与做、练与赏之间，践行社会主义核心价值观。

2. 抓住契机，开播"系列微视频"

融合教学阶段，是每一位学生不曾有过的经历，这一特殊时期更需要学校给予每一个学生、每一个家庭更多的关心、关注、帮助和引导。向阳小学合育中心团队经过研究，合力推出了"不一样的假期系列微视频"，从学会整理、学做家务、讲卫生、爱锻炼等多个方面，指导学生学习和生活。在老师和家长的指导下，学生们的假期生活变得更加丰富、更有收获、更有意义！在整理衣物、整理房间、整理书桌和学习用具的过程中，学生们懂得了做事要有规划，要有耐心，要反复练习，要努力坚持，学会整理可以让生活变得更有条理。

"整理"让学生拥有了好习惯，陪伴他们健康成长。向阳小学合育中心推出的"家务劳动篇""讲卫生篇""整理篇""运动篇"系列微视频，引导学生学习生活更有意义，促进学生德智体美劳全面发展。

3. 审时度势，开动"春播计划"

学校遵循教育规律，协同育人，在做事能力与做事情感上引导学生向上向善向美。2018年学校与燕山职业学校携手成立"向阳小学农事劳动基地"以来，学校分年级组织学生多次到北台燕职基地，开展"春播""夏忙""秋收"等实践活动，学生们不仅收获了丰富的农业知识，也体验了翻地、培垄、施肥、播种、浇水、除草、养护等系列农事劳动。

2020年，学校改变原有"春播计划"，学校合育中心团队审时度势改变策略，将农事劳动体验课程改在线上完成。一年之计在于春，春天是农耕的好时节，也是教育学生珍惜时光，做好学习生活计划的好时机。于是，我们线上线下双结合，以"二十四节气"为主线，通过学校"莺飞草长话春耕"网络主题升旗教育向全校师生进行宣传、下发"春耕计划"，号召全体学生规划自己的学习和生活，合理安排日常，在按时完成学习任务的同时，在家庭中要有担当，协助家长做好家务劳动之余，开展好适宜家庭进行的盆栽、水培等农事实践活动。

线上，围绕"立春、雨水、惊蛰、春分、清明、谷雨"春天的六个节气，合育中心实验班的同学们录制了教育微视频，通过学校公众号进行推送，向大家介绍春天节气的特点、适宜的农事劳动以及相关农事谚语等，通过知识的学习体会劳动人民的智慧结晶。线下，学生们可以依据学校合育中心推送的"家庭实践小建议"开展劳动实践：找一找描写春天农事劳动的词语、古诗词；画一画、说一说、唱一唱春天的农耕景象；观察、记录、统计自己种植的农作物每天发生的变化；在"春分"这一天与家人一起玩一玩"竖蛋游戏"，感受"春分到，蛋儿俏"的有趣等……老师还为学生们创造了更多的展示交流机会，他们可以在班会上交流，也可以在道德与法治、科学、语文、数学、音乐等多个学科实践活动中展示，他们将自己的劳动成果与老师和同学一起分享，收获更多！

4. 放眼未来，落地"五育并举"

爱国、法制、生命、安全、责任意识的培养是学校教育中永不停歇的使命。向阳小学合育中心开展了丰富的实践活动，为学生成长搭建了平台，孩子们收获了丰富的人生体验，五育并举全面发展。

（1）周一八点"直通车"，主题教育入人心

"星期一早八点"，这是一个庄严的时刻！每周这个时间，向阳小学1100多名师生都会踏上"网络主题升旗直通车"，用一种特殊的方式"相聚"在一起，接受"爱国、法制、生命、安全、心理、防疫"等教育的洗礼，共同完成一场场激动人心而有意义的升旗仪式。

放眼未来，为使全校师生明确自己肩上的责任和使命，为学生的成长奠定坚实的基础，从2020年2月24日开始，结合当前形势以及教育节点，学校开展了以"劳动有我""莺飞草长话春耕""我是中国人，我有中国心""五星红旗托起希望之光""爱绿护绿有你有我""好习惯益终身""从小学先锋，长大做先锋""居家重安全健康伴成长""防震减灾珍爱生命""垃圾分类新时尚，文明校园我践行""清明寄思缅怀先烈""珍爱生命，远离毒品"等为主题的网络升旗系列教育活动。虽然没有了往日的绿茵操场，没有了庄严的升旗台，但是国旗下的我们从未改变，坚定的眼神，标准的敬礼，嘹亮的国歌声，是我们对国旗的热爱，是对祖国母亲的情怀！

（2）定时专栏"班会课"，五育并举植落地

一直以来，学校特别重视"班会课"的落实。学生在校期间，固定时间、固定课时，固定内容，专时专用，有序开展。融合教学时期，学校更是把班会教育作为重点工作来抓，在德育处的率领下，由专人负责管理每周主题班会相关事宜，从"定方案——抓落实——推优先"三个环节入手，促使"德智体美劳"五育教育落地生根，得到全面落实。

每周班会围绕星期一网络升旗主题教育的内容来进行，学校28个教学班每星期都会定时上交班会方案，由学校德育处负责查阅、审核，通过的班会方案才可以实施开展，以此来确保五育教育"有计划、有落实、有推进、有反馈"。截至目前，"摘下口罩的你最美""居家安全我知道""走进雷锋——爱心包裹传真情""知母爱懂感恩""又是一年清明日，思亲祭祖敬英灵""垃圾分类从我做起""珍爱生命之花"等网络主题班会经过筛选，已经在学校公众号中进行推送，为更多的学生提供了更为丰富的学习资源，让更多的学生从中受益。

（3）携手搭建"共育桥"，综合评价促提升

学生道德素养的形成、行为习惯的养成，以及学业能力的再提升都需要学校、老师、家长等多方人员配合，心手相连搭建"共育桥"，携手落实评价机制，督促指导学生学习有收获，得成长。我们的综合素质评价主要采用"线上线下"相结合的方式进行，班主任负责管理、记录和组织师生评价、生生评价和家长评价。我们采用动态、多样、有针对性的评价策略，从"思想道德""身心健康""劳动素养""学业成就""艺术素养""个性发展"等多个方面展开评价，全方位、全过程、多角度、多层面记录学生的成长。

学生的学习成效和习惯养成，取决于家长和学校双方的共同努力，但是在家庭学习中，更多的考验在于学生的自我管理以及家长的监督和教育。为了培

养学生生活自律性以及自我管理的能力，也为了帮助家长更有智慧和更好地引导和教育学生，学校先后下发了《向阳小学2020年春季线上学习生活评价表》《向阳小学居家作息时间建议表》，供学生和家长参考制定自己的专属学习生活计划。向阳小学少先队大队也向全体师生发出倡议，在融合学习阶段，要从关心时事、自主学习、潜心阅读、主动劳动、加强锻炼、乐于实践等几方面作出规划，为养成好习惯，收获更多的能力和知识打下坚实的基础，让自己的生活和学习变得更加健康、充实、有意义！

在"关怀教育"理念映照下的向阳小学以"合育中心"为平台，通过实现学校、家庭、社会三方分工协作、相互配合，从明德修身、启智创新、健体尚武、求美雅趣、爱劳增技五个方面拓展合作育人渠道，与各学科联手落实课堂教学，与德育管理牵手加强习惯养成，与合作单位携手共创"尊重并支持学生发展的家庭生态圈、校园生态圈、社区生态圈"，共同担负起培养社会主义合格建设者和可靠接班人的任务，在不断完善"合育中心课程体系"的过程中，推动"五育并举"立德树人总目标的实现。

2018—2019学年度向阳小学
"我的生活我做主"劳动实践教育计划

依据《向阳小学合育中心工作纲要》，在调研的基础上，坚持问题导向，加强学生生活技能教育，培育学生孝亲、爱校、情暖社区的情怀，培养自理自立的小学生。具体时间安排如下：

2018年10月调研、出台方案。

2018年11月启动会、培训家长、学生选任务、拜师傅、学习擦玻璃、学习整理东西。

2018年12月干干净净迎新年，扫地高手评选表彰，学擀饺子皮、摘菜、洗菜、洗碗。写一篇劳动日记。

2019年1月饺子宴。

2019年2月我是家里小主人，孝亲好孩子；情暖社区，社会实践活动。

2019年3月晒晒我的本领摄影展。

2019年4月学学垃圾分类、参观垃圾填埋场;"我坚持倒垃圾"——劳动日记填表,《我为你点赞》《谢谢你》——征文、演讲等。

2019年5月——穿衣达人秀展示、"劳动最光荣"选秀表彰。

2019年6月洗刷刷大比拼;学生采访或主持:关工委好爷爷好奶奶讲故事,采访爸妈劳动的一天。

同时坚持《大国工匠》每周一片,每月一歌:赞美劳动的歌曲(搜集歌单)。

请各成员单位,积极支持工作,积极开展宣传,早日形成关心、支持青少年健康成长的校园生态圈、家庭生态圈、社区生态圈。

向阳小学学生生活本领调查

同学你好!

为了组织大家开展丰富多彩的校园活动,老师想了解你在衣食住用等方面掌握了哪些生活本领。请你如实回答,这样我们设计的教育活动才更有趣哦!请在你认为符合你实际情况的格里画"√"。谢谢你的支持!

你的年龄(　　)岁　年级(　　)性别男(　　)女(　　)

	序号	生活本领内容	从未做过	长辈指导做	有时独立做	经常独立做	其他本领	最想学的本领
家庭生活	1	睡前整理书包						
	2	带齐学习用具						
	3	桌洞整理						
	4	系鞋带						
	5	叠衣服						
	6	叠被子						
	7	摘菜						
	8	洗菜						
	9	擀饺子皮						
	10	包饺子						
	11	洗袜子、内裤						
	12	擦玻璃						
	13	倒垃圾						
校园生活	1	扫地						
	2	摆桌椅						
	3	整理桌洞						
	4	擦黑板						
	5	整理图书						
	6	开关门窗						
	7	整理卫生柜						
	8	台面擦拭						
	9	浇花						
	10	开关灯						
	11	倒垃圾						

续表

	序号	生活本领内容	从未做过	长辈指导做	有时独立做	经常独立做	其他本领	最想学的本领
社区生活	1	打扫楼道						
	2	擦拭楼梯扶手						
	3	擦拭健身器材						
	4	清理小广告						
	5	捡拾垃圾						
	6	各种宣传活动						

四、加强心理健康教育，塑造阳光心态

燕山向阳小学认真落实《中小学心理健康教育指导纲要》《北京市中小学心理健康教育工作纲要》，避免校园欺凌及伤害事件的发生，促进学生心理健康，能够积极乐观地面对生活，扎实、有序地推进心理健康教育工作。

（一）成立心理工作室，关注身心发展

小学生正处在身心发展的重要时期，随着生理、心理的发育和发展，经济的发展、社会阅历的扩展、网络传播的速度及思维方式的变化，有些问题如不能及时解决，将会对学生的健康成长产生不良的影响，严重的会使学生出现行为障碍或人格缺陷。这种心理障碍问题已成为当今重要的社会问题之一，近几年的媒体也频有报道。

现在物质丰裕，还有部分先富起来的家庭，家长过于宠爱孩子，对物质的要求有求必应，以至于有的小学生对表扬、鼓励无所谓，对什么事都满不在乎。有的学生孤僻不合群，有的学生嫉妒心强，有的学生娇生惯养，经受不起一点挫折，更有的学生产生叛逆心理等等，这些心理问题都会心理现象严重阻碍了学生的学习和发展，对他们进行心理健康教育，受到大家普遍的重视。

学校学生较多，展开心理普查是一项较大的工程，心理疏导是缓慢的过程，很难短时期看到效应，需要耐心。可教师工作繁多，很难对某一个学生长

期的持久关注，由于个体与家庭差异，导致辅导中断等问题时有发生。

为促进学生心理健康，能够积极乐观地面对生活，学校在原有"知心小屋"的基础上，成立"向阳小学心理咨询工作室"，由道德与法治学科组长张梦老师担任工作室负责人，特邀团中央"知心姐姐"、心理健康教育全国巡回报告讲师朱虹老师来校做专职辅导员。我们采用心理讲座、心理访谈、心理辅导等多种形式开展活动，确保每学期至少召开一次专题工作会，每月开展一次心理健康讲座，每周一下午半天进行心理咨询，帮助师生及家长解决实际问题，提供心理资助。

（二）多维活动育人，打造阳光心态

1. 开设心理课堂

学校每月开展心理课堂，采用现场录制后期转播的方式提供给全校师生学习，使得全校一千余人全部受益。每个月，朱虹老师和燕山教委关工委领导都会走进我校，开展不同主题的心理课堂，通过生活案例、博古通今的小故事来帮助学生，引导学生，为学生答疑解惑，排解心中的烦恼。

从2017年至今，我们共开展了21次活动。其中关怀教育4次，安全教育2次，与人相处方面的教育3次，学生品格方面的教育6次，防欺凌教育3次。主题有：向雷锋叔叔学习做美德少年、外出安全伴我行、交通安全伴我行、如何管理情绪、我和学习怎么办、我和伙伴怎么办、我和父母怎么办、我和老师怎么办等等。有针对性的主题讲座，在深入浅出中道出了方法和道理，实效强，受益多。通过讲座的形式，系统地为学生提供了一些解决方法，提升了学生与人交往、自我保护、情绪抗压等各方面的意识和能力。

2. 开放心理辅导

第一，心理咨询定期向学生开放。心理辅导在学生知情自愿的基础上进行，学校保证辅导质量，保护学生隐私，谨慎使用心理测试量表或其他测试手段。学校建立了心理危机预警及干预机制，对个别有严重心理障碍的学生，能

够及时识别、转介到相关心理诊治部门并记录在案。每周一的下午，朱虹老师会来到学校，和心理工作室的老师们一起，在知心小屋对学生进行心理疏导，为他们建立心理档案，帮助学生身心健康成长，面对面地进行个别辅导共计20次以上。在与心理老师们持续不断的沟通中，学生和家长都有了极大的收获。

第二，关爱有特殊需要的学生。心理工作室开展的"悦心行动"让有特殊需要的学生有了自己的纾解之地，真正解决了学生的实际问题。工作室为这些学生都建立了心理成长档案，以便后续追踪，持续关注学生的发展。目前，学生们每天都在期盼着周一的到来，迫不及待地向往与心理老师们面对面地沟通畅谈。每当这个时候，我们都会看到老师笑容可掬的样子，与学生促膝长谈，不时地发出爽朗的笑声，此时的他们心贴着心，融为了一体。在心与心的交流中，老师们对待学生更是有耐心有方法。结合学生自身情况，老师会给出行而有效的建议和方法，对于内向的不爱表达的，老师予以适时的有针对性的鼓励；对于爱走神不善于倾听的，老师予以明确的任务，创设参与活动的机会；对于喜磨蹭乐较真的，老师予以体谅和包容，给出改进的诀窍；对于习惯发懒逃避的，老师予以直面问题，巧妙引导……

心理老师还会依据学生的不同情况，为他们量身定制实践小任务，在完成任务的过程中化解矛盾，舒缓身心，培养习惯，转变行为。在每周一的汇报中，学生们找到了释放身心的愉悦。经过一段时间的辅导，他们在做人做事上都有了很大的改变。

第三，关注团体辅导。学校开展小班干部、校园志愿者等团体辅导活动，肯定与鼓励他们发挥好榜样作用，以小见大，以点带面，带头形成良好的班风、校风。对于班集体的建立，心理老师还和学生们一起玩了"小小电线悄悄传"，"背对背起立"的游戏，引导学生感悟集体是我们走向梦想的新台阶，是我们成长进步的新起点。

通过一次次的游戏体验、观察思考，学生懂得了很多道理，并愿意在生活中运用这些方法与道理，比如用打卡的方式去检查、记录目标的完成情况，真正做到有梦想，有决心，有准备，有行动。

第四，关怀一年级新生尽快适应校园生活。为了促进幼小衔接，让学生更快更好地适应小学生活，解决新生在刚刚入学时的心里不适应，我们发挥学校心理工作室的职能，做好学生的心理疏导和帮助。从2021年10月初开始，我们邀请"知心姐姐"为一年级新生上团体辅导课。

"知心姐姐"从学生喜爱的"模拟电流""跑得快"等小游戏入手，通过观察注意力引导们他们了解小学和幼儿园的区别，知道学生个体与班集体的关系，并且认识到个人对集体的作用，懂得如何更好地适应校园生活。这样的辅导使刚刚步入小学的学生们从心理调适到规则意识的建立都有很大的促进作用，推动了幼小衔接工作高效落实。

后 记

办一所给予孩子充分爱与关怀学校

办学思想是一所学校的旗帜。2012年老校长田玉贞光荣退休，我从她手中接过了"学会关怀、学会感恩"这面旗帜。近10年来，我们传承"关怀教育"理念，深化关怀党建品牌建设，凝聚队伍力量，化解了燕山前进小学与向阳小学合校中的问题，教育教学秩序井然；我们弘扬关怀文化，办有温度的教育，引导师生践行五项关怀：关怀自我，讲诚信；关怀他人，讲奉献；关怀知识，讲探索；关怀自然，讲和谐；关怀社会，讲规范，课程体系不断丰富。"培养懂得爱人，也值得人爱的健康智慧的学生"是我们不变的追求。

新时代，新征程，我们要擦亮关怀教育品牌，进一步鲜明办学特色，我提出"向阳而生　有爱而长"的办学理念。

一、坚定育人立场

"为党育人，为国育才"不是口号，这是我们坚定的教育立场。

我们清醒地看到当下社会环境与家庭教育中的问题：一是来自社会环境，过于彰显自我，强调个性与特色，造成青少年学生与身边的人事物隔绝，他们没有融入和担当，缺乏集体主义精神……重智育、轻德育，重物质，轻精神；重分数，轻人格，把功利主义等同于育人规律，让孩子们走上精致利己主义教师在向阳生长的系列课程中，读懂孩子，正确师爱，追求和煦通达、容融共生的教育氛围。

构建友爱之场，推崇并树立"阳光、乐观、纯真、探索、坚毅"的学生形象，提供个性化的心理咨询与服务，知心姐姐走进校园、走近孩子，开发系列课程解决孩子人际交往、情绪困扰、品行障碍、自我意识等问题，支持孩子自我觉察、自我要求、自我评价、自我成长，形成团结友爱的伙伴关系。

构建亲子之场，组织线上线下相结合的"好家风培育好孩子——"家庭教育指导师"培训，指导家长读懂教育规律，在关怀与感恩中理性平和的与孩子沟通，以身示范引领孩子成长，促进家校合育，形成家校共同体。

我深信因为有爱，所以懂得。"爱"之动，是联动，是共振，是合力，是我们办一所给予孩子充分爱与关怀学校的保障。

我不会忘记2007年8月，中国教育学会教育管理分会常务副理事长卢元锴教授在《让爱传承——向阳小学关怀教育实录》推荐序中的话："教育的真谛就是爱，这是全世界的共识，也是教育规律。"我们有责任让燕山向阳小学"教育池塘里的水是一池充满爱的水，充满关怀的水。"

感恩伟大的时代，感恩可爱的学生，感恩与我并肩奋斗的老师们！

者的邪路。二是来自家庭因素，相当部分父母为了孩子而活，调动全家人的物力、财力、精力，关注孩子智力成长。只见分数不见人。忽略孩子品质心性的培养，造成心里容量小、只能装下自己，没有担当，推卸责任，见利忘义，情绪波动大，甚至焦虑抑郁，没有高远的理想，没有集体主义精神，人际关系不好……溺爱、放纵、忽视等不尊重人的行为养育了小公主、小少爷。这两类人典型特征为太过于自我。学习党中央关于"双减"文件，我们进一步理清了"为谁培养人，怎样培养人，培养什么人"的大思路。"向阳而生 有爱而长"的办学理念，成为我校在新时代"办一所给予孩子充分爱与关怀的学校"的行动指南。

二、夯实关键现场

如果把教育比作天平，最难把控的是"爱"与"放手"。10年来，我们潜心探索这个"爱"之度：爱是一种力量，有层次感，有分寸感，有力量感，爱的能力是可以解构和建构的。包括育人的信度、厚度、热度、深度、高度，它是关怀文化的一部，我称之为有温度的教育。我们将学校名称中"向阳"与育人内涵链接，把时代要求与少年特点相结合提出"阳光坚毅、志正修远"的校训，其核心价值观是："阳光培育真善美，坚毅担当向未来"；强调"温暖有度、公正有爱"的管理文化；"和煦乐学、求真善问"的课堂文化；进而培养"阳光有爱 担当坚毅"的新时代少年。

三、建构场域，激发场能

陶行知先生说："爱是可以创造一切。"爱可以聚力共振，关怀与感恩互动回应。我们积极建构爱的场域，激发爱的能量。

构建"和煦通达"的师爱之场，激发"容融共生"的教育氛围。例如，发挥微信优势，老师们分享读苏联教育家阿莫纳什维利《孩子们，你们好》《孩子们，你们生活得怎么样》《孩子们，祝你一路平安》的学习体会，榜样引领